LOS ESTOICOS

EPICTETO

MÁXIMAS

Traducción, Prólogo y Notas
de
JUAN BAUTISTA BERGUA

Presentado por
Manuel Fernández de la Cueva
Profesor de Filosofía

Colección **La Crítica Literaria**
www.LaCriticaLiteraria.com

Copyright del texto: ©2010 J. Bergua
Ediciones Ibéricas - Clásicos Bergua - Librería-Editorial Bergua
Madrid (España)

Copyright de esta edición: ©2010 LaCriticaLiteraria.com
Colección La Crítica Literaria
www.LaCriticaLiteraria.com
ISBN: 978-84-7083-143-0

Ediciones Ibéricas - LaCriticaLiteraria.com
Calle Ferraz, 26
28008 Madrid
www.EdicionesIbericas.es
www.LaCriticaLiteraria.com

Impreso por LSI

CONTENIDOS

EL CRÍTICO - JUAN BAUTISTA BERGUA

Juan Bautista Bergua nació en España en 1892. A los 16 años empezó la universidad y obtuvo el título de abogado en tan sólo dos años. Fascinado por los idiomas, en especial los clásicos, latín y griego, tradujo por primera vez al español las más importantes obras de la antigüedad. A lo largo de su extraordinaria vida, llegó a convertirse en un célebre crítico literario, traductor y en un especialista en filosofía y religiones del mundo.

SU LIBRERÍA, LA EDITORIAL Y LA "GENERACIÓN DEL 27"

Juan B. Bergua fundó la Librería-Editorial Bergua en 1927, luego Ediciones Ibéricas y Clásicos Bergua. Quiso que la lectura de España dejara de ser una afición elitista. Publicó títulos importantes a precios asequibles a todos, entre otros, los diálogos de Platón, las obras de Darwin, Sócrates, Pitágoras, Séneca, Descartes, Voltaire, Erasmo de Rotterdam, Nietzsche, Kant y las poemas épicos de La Ilíada, La Odisea y La Eneida. Se atrevió con colecciones de las grandes obras eróticas, filosóficas, políticas, y la literatura y poesía castellana. Su librería fue un epicentro cultural para los aficionados a literatura, y sus compañeros fueron conocidos autores y poetas como Valle-Inclán, Machado y los de la Generación del 27.

EL PARTIDO COMUNISTA LIBRE ESPAÑOL Y LAS AMENAZAS DE LA IZQUIERDA

Poco antes de la Guerra Civil Española, en los años 30, Juan B. Bergua publicó varios títulos sobre el comunismo. El éxito, mucho mayor de lo esperado, le llevó a fundar el Partido Comunista Libre Español que llegaría a tener mas de 12.000 afiliados, superando en número al Partido Comunista prosoviético oficial existente. Su carrera política no duró mucho después que estos últimos le amenazaran de muerte viéndose obligado a esconderse en Getafe.

LA CENSURA, QUEMA DE LIBROS Y SENTENCIA DE MUERTE DE LA DERECHA

Juan B. Bergua ofreció a la sociedad española la oportunidad de conocer otras culturas, la literatura universal y las religiones del mundo, algo peligrosamente progresivo durante la dictadura de Franco, época reacia a cualquier ideología en desacuerdo con la iglesia católica.

En el 1936 el ejército nacionalista de General Franco llegó hasta Getafe, donde Bergua tenía los almacenes de la editorial. Fue capturado, encarcelado y sentenciado a muerte por los Falangistas, la extrema derecha.

Mientras estuvo en la cárcel temiendo su fusilamiento, los falangistas quemaron miles de libros de sus almacenes por encontrarlos contradictorios a la Censura, todas las existencias de las colecciones de la Historia de Las Religiones y la Mitología Universal, los libros sagrados de los muertos de los Egipcios y Tibetanos, las traducciones de El Corán, El Avesta de Zoroastrismo, Los Vedas (hinduismo), las enseñanzas de Confucio y El Mito de Jesús de Georg Brandes, entre otros.

Aparte de los libros religiosos y políticos, los falangistas quemaron otras colecciones como Los Grandes Hitos Del Pensamiento. Ardieron 40.000 ejemplares de La Crítica de la Razón Pura de Kant, y miles de libros más de la filosofía y la literatura clásica universal. La pérdida de su negocio fue un golpe tremendo, el fin de tantos esfuerzos y el sustento para él y su familia...fue una gran pérdida también para el pueblo español.

Protegido por General Mola y exiliado a Francia

Cuando General Emilio Mola, jefe del Ejército del Norte nacionalista y gran amigo de Bergua, recibe el telegrama de su detención en Getafe intercede inmediatamente para evitar su fusilamiento. Le fue alternando en cárceles según el peligro en cada momento. No hay que olvidar que durante la guerra civil, los falangistas iban a buscar a los "rojos peligrosos" a las cárceles, o a sus casas, y los llevaban en camiones a las afueras de las ciudades para fusilarlos.

¿El General y "El Rojo"? Su amistad venia de cuando Mola había sido Director General de Seguridad antes de la guerra civil. En 1931, tras la proclamación de la Segunda República, Mola se refugió durante casi tres meses en casa de Bergua y para solventar sus dificultades económicas Bergua publicó sus memorias. Mola fue encarcelado, pero en 1934 regresó al ejército nacionalista y en 1936 encabezó el golpe de estado contra la República que dio origen a la Guerra Civil Española. Mola fue nombrado jefe del Ejército del Norte de España, mientras Franco controlaba el Sur.

Tras la muerte de Mola en 1937, su coronel ayudante dio a Bergua un salvoconducto con el que pudo escapar a Francia. Allí siguió traduciendo y escribiendo sus libros y comentarios. En 1959, después de 22 años de exilio, el escritor regresó a España y a sus 65 años comenzó a publicar de nuevo hasta su fallecimiento en 1991. Juan Bautista Bergua llegó a su fin casi centenario.

Escritor, traductor y maestro de la literatura clásica, todas sus traducciones están acompañadas de extensas y exhaustivas anotaciones referentes a la obra original. Gracias a su dedicado esfuerzo y su cuidado en los detalles, nos sumerge con su prosa clara y su perspicaz sentido del humor en las grandes obras de la literatura universal con prólogos y notas fundamentales para su entendimiento y disfrute.

Cultura unde abiit, libertas nunquam redit.
Donde no hay cultura, la libertad no existe.

El Editor

PRESENTACIÓN

La traducción del libro que está en sus manos titulado *"Máximas"* de Epicteto fue hecha hacia el año 1934 por Juan B. Bergua. Originariamente este libro era un capítulo que, junto a los *"Pensamientos"* de Marco Aurelio y *"De la consolación por la filosofía"* de Boecio, componían un solo libro titulado *"Los estoicos"*. De este libro se han hecho dos ediciones, una en 1934 y otra en 1935. Ahora se reeditan por tercera vez pero como textos separados.

Fieles al pensamiento de J.B. Bergua en esta edición sólo se hayan hecho correcciones formales como son ciertas erratas, cambio de nombres, etc., es decir, que la traducción hecha por J.B. Bergua queda prácticamente intacta. Sólo en uno o dos casos se ha cambiado algo y, estos casos, no son lo suficientemente importantes como para señalarlos. La misma fidelidad a J.B. Bergua nos ha hecho considerar que la calidad de un texto es independiente de su coste económico. Ahora bien, ¿de qué sirven una y otra si no hay lectores? Por tanto con la mejor calidad literaria y filosófica y con el mejor coste económico presentamos las *"Máximas"* de Epicteto.

Epicteto nace en Hierápolis hacia el año 50 y muere, también aproximadamente, hacia el año 135 d. C. en Nicópolis. Vivió como esclavo de Epafrodito en Roma y no escribió nada. Todo lo que sabemos de él fue recogido por su discípulo Flavio Arriano.

Epicteto, además de la admiración que sentía por Sócrates y Diógenes, es uno de los máximos defensores del estoicismo primitivo. Su filosofía tiene un carácter eminentemente práctico y, por tanto, dentro el proceso metodológico de su propuesta filosófica puede distinguirse dos momentos. En primer lugar propone que se distingan las cosas y cuestiones que nos preocupan (*dihairesis*) y, en segundo lugar, que se elija, es decir, que se tome una decisión concreta (*prohairesis*). En resumidas cuentas, *distinción* y *decisión* son los dos momentos de la metodología filosófica que Epicteto propone. La voluntad, por tanto, pasa a ser uno de los conceptos claves de su pensamiento y tanto es así que determinados conceptos éticos, como por ejemplo el de 'bien' y el de 'mal', sólo tienen sentido en relación a la voluntad de la que dependen.

Debido el carácter práctico que la filosofía tenía para Epicteto en sus libros se pueden encontrar los más diversos temas. Se, se preocupó por la conducta social y moral de las personas, por el bien y el mal, la voluntad, las riquezas, la salud y la enfermedad, la felicidad, la vida interior y exterior del hombre, el respeto por la naturaleza, la vida religiosa del hombre, etc. Dicen de él que era un hombre profundamente religioso.

Las obras que a él se le atribuyen como autor intelectual son; *"Disertaciones"* de las que quedan cuatro libros de los ocho que componían la obra. *"Discursos"* que se ha perdido y *"Manual"* también traducido como *"Enquiridion"*.

En este libro suyo titulado *"Máximas"* encontraremos sus opiniones sobre diversas cuestiones filosóficas y morales como son el bien y el mal, la muerte, la felicidad, el conocimiento de sí mismo, las riquezas, la religión, etc..

Madrid, abril de 2010
Manuel Fernández de la Cueva
Profesor de Filosofía

PRÓLOGO

LOS ESTOICOS

El simple sentido de la palabra "estoicismo", que evoca al pronunciarla la idea de una virtud austera y tal vez altiva, lleva como de la mano a derivar esta doctrina filosófica, esta verdadera y admirable moral, de la anterior.

El fundador de esta nueva tendencia filosófica, de esta fecunda rama moral, acodo del árbol anterior, pero pronto enraizada y frondosa por cuenta propia, fue Zenón, natural de Citión, en la isla de Chipre (326-246), que estableció su escuela en cierta galería pública de Atenas, decorada con hermosas pinturas (stoa poikile). En esta stoa (galería), de donde la escuela tomó el nombre de estoica y estoicos sus partidarios, empezó a dar a conocer Zenón sus doctrinas, hacia el año 300.

Zenón había sido discípulo y gran admirador del cínico Crates; también estudió a los platónicos y a los megarenses, y con lo que creyó mejor de todos ellos, con la pureza de las doctrinas de Sócrates y de sus discípulos y lo que de nuevo, viril y enérgico había en las enseñanzas de los cínicos, compuso sus doctrinas, que tendían a establecer una moral práctica y a enseñar a los hombres, no tan sólo por la palabra, sino muy principalmente mediante el ejemplo. Es decir, que mientras en la Física restauró el materialismo dinámico de Heráclito, en la Ética se adhirió al Cinismo, llevando el fin del propio contentamiento, propuesto por éste, hasta la exigencia de un vencimiento completo de los afectos todos. «Los estoicos-dice Condorcet-hicieron consistir la virtud y la felicidad en la posesión de un alma insensible lo mismo al placer que al dolor, libre de todas las pasiones, superior a todos los temores, no reconociendo otro bien más real que la virtud ni otro mal real que el remordimiento. Creían que el hombre tiene sobrado poder para remontarse a tal altura con tal de poseer una voluntad firme y constante; y que así, independientemente de la fortuna y dueño siempre de sí mismo llega a ser inaccesible al vicio y a la desgracia. Según ellos, un espíritu único anima al mundo y está presente en todas partes, si no es que él mismo lo sea todo y que exista otra cosa que no sea él. Las almas humanas son sus emanaciones. La del sabio que no ha mancillado la pureza de su origen va a reunirse en el instante de la muerte a ese espíritu universal. La muerte sería, pues, un bien si para el sabio sometido a las leyes de la Naturaleza y abroquelado contra todo lo que el vulgo llama males, no hubiera más grandeza que considerarla como una cosa indiferente.»

Esta verdadera filosofía moral y la pureza y serenidad de su vida, que jamás contradijo sus doctrinas, valieron a Zenón tal nombradía, que, aunque no era ciudadano ateniense ni adquirió jamás tal derecho, recibió en su patria adoptiva los más grandes honores: dos reyes griegos sostuvieron correspondencia con él, y a su muerte fue enterrado con toda pompa y solemnidad a expensas de la República, que aún publicó un decreto proclamando que merecía el bien de todos por su mucha sabiduría y elevada categoría moral.

Es decir, que de manos de Zenón salió la escuela cínica fortalecida, mejorada, purificada (en su tratado *"Sobre la república"* tomó también de los cínicos el ideal cosmopolita de la vida común de los hombres todos sobre la base de un derecho racional) y su mucha sabiduría y virtud contribuyeron a difundir su estoicismo primero por Grecia y luego por Italia.

Los principales discípulos de Zenón fueron Perseo de Citión, autor de un tratado "Sobre los dioses"; Cleante de Asos, en la Tróade, que para subvenir a sus necesidades personales sacaba, de noche, agua de los pozos para regar con ella los jardines de sus clientes, y que, a la muerte de su maestro, tomó la dirección de la escuela (se conoce de él un celebradísimo himno a Zeus, lleno de solemne piedad), y Crisipo de Solos (Cilicia), nacido el año 280 y considerado como el segundo fundador de la secta, como verdadero pilar del Pórtico. Éste, el más profundo representante del estoicismo, iniciado en las discrepantes enseñanzas de Aristón de Quíos, Dionisio de Heraclea y Herillos de Cartago, previno la división de la escuela en sectas. Personalmente era un hombre pequeñito, sumamente locuaz y escritor tan fecundo, que dejó 705 obras de lectura fatigosa, pero llenas de erudición y de citas de otros autores. Fue el verdadero constructor de la doctrina estoica, especialmente en la lógica (sus tratados *"Sobre el alma"* y *"Sobre los afectos"* nos son mejor conocidos que los demás debidos a su pluma, gracias a los compendios de Galeno), y fundó como con razón se ha dicho, una especie de escolasticismo estoico cuya influencia se hizo sentir durante varios siglos.

Diógenes de Babilonia (hacia el 240-152) rindió homenaje, en su libro *"Sobre Minerva"*, a la explicación alegórica de los mitos, propia de la escuela. De él nos ha conservado algunos fragmentos interesantes Filodemo, en su tratado *"Sobre la música"*.

Más moderado y conciliador que la generalidad de los estoicos, fue pese a comulgar también en esta doctrina, Panecio de Rodas, que en Roma trabó amistad con Escipión Emiliano, el destructor de Cartago, y le acompañó en sus embajadas al Egipto y en Asia. Luego dirigió la Escuela de Atenas, en donde murió hacia el año 112. A él fue debido el que muchos romanos ilustres entrasen en el círculo del pensamiento griego y el que la dureza del mundo de entonces adquiriese cierta blandura gracias a su aproximación a las doctrinas socráticas y a su acomodamiento a las necesidades de la vida práctica. Su *"Tratado de los deberes"* sirvió de modelo al libro de Cicerón del mismo título, y su teoría política no sólo fue adoptada por Polibio, sino que, a través de Cicerón, influyó en el bosquejo que hizo Montesquieu de la monarquía constitucional.

Es decir, que Panecio fue el fundador de la segunda escuela estoica, escuela que suavizó el rigor de la primera gracias a lo que tomó de otras doctrinas, especialmente de las socráticas a través de los platonianos.

Su discípulo Posidonio de Apamea, en Siria (hacia 135-51), fundó en Rodas una escuela, donde Cicerón escuchó sus enseñanzas. Pompeyo le honró también visitándole dos veces. Luego de haber viajado mucho, especialmente por nuestra patria y por las Galias, acabó estableciéndose en Roma, donde murió después de haber entablado amistad con los hombres más ilustres de esta ciudad, como los citados Cicerón, Pompeyo y Mario. Hombre de enorme erudición y de envergadura enciclopédica, dejó una obra inmensa, de la que tan sólo nos ha quedado el eco a través de la multitud de escritos de autores antiguos que se inspiraron y tomaron cuanto les plugo en tan copiosa y rica fuente. Su doctrina estoica está aún más próxima de las ideas platonianas (tomó de él, entre otras cosas, su preferencia por la psicología dualista) que la de Panecio; también aceptó muchas de las enseñanzas de Pitágoras y de Aristóteles.

Entre los estoicos griegos que enseñaron en Roma, uno de los más notables fue Cornuto, maestro y amigo de Persio, quien sentía por él tal admiración, que le comparaba a Sócrates; fue desterrado por Nerón; y el más ilustre de los estoicos romanos, Séneca, verdadero representante, en unión de Musonio Rufo, del estoicismo romano (que, como dice S. Reinach, subió al. trono con Nerva y fue la religión de los emperadores hasta la muerte de Marco Aurelio), hasta el advenimiento de Epicteto. Y es que, como dijo Renán con aguda clarividencia: «Dueños del Imperio los estoicos, le reformaron con sus doctrinas y fueron los dirigentes de los más bellos años de la historia de la Humanidad».

EPICTETO

Poco se sabe de la figura más grande del estoicismo: de Epicteto, que nació en Hierápolis (Frigia, hacia 50-130), que fue esclavo de Epafrodito[1], que enseñó en Roma y en Epiro y que fue amigo del emperador Adriano.

Se ha discutido si vivió hasta los días de Marco Aurelio; pero, aunque Suidas lo afirma, es inverosímil que tal ocurriese, dado que entre la muerte de Nerón y el comienzo del reinado de Marco Aurelio transcurrió casi una centuria: de modo que para ser posible tal cosa, aun suponiendo que Epafrodito le comprase muy joven, habría que admitir que alcanzó una edad muy superior a los cien años, lo que no es probable, pues, de ocurrir, no hubiera dejado de ser mencionado de uno u otro modo. Por otra parte, el hecho probado de que Marco Aurelio conociese, como conocía, las doctrinas y obras de Epicteto (el mismo emperador declara que se hizo estoico leyendo el Manual y los Discursos de éste, recogidos y redactados por Arriano, su discípulo), no quiere decir que alcanzase a oírle personalmente. Es decir, que, probablemente, el filósofo griego no debió ir más allá de los tiempos de Adriano.

Sea de ello lo que quiera, lo que sí parece indudable es que su oscuro nacimiento, su laboriosa juventud y la ruda existencia que era tradicional en el viejo estoicismo griego, le condujeran naturalmente a la filosofía del Pórtico, que enseñaba a despreciar la opinión ajena y a desdeñar honores y riquezas; que proclamaba que la verdad era un combate, y que hacía consistir la felicidad en el triunfo de la razón y de la voluntad sobre las pasiones.

Esclavo de un amo ambicioso y cruel, Epicteto debió sufrir frecuentes malos tratos, y aquella su condición forzada y miserable debió servir precisamente de piedra de toque a su alma independiente para mostrarse dueña de sí misma y tan firme, que ni los golpes adversos de la fortuna ni la injusticia de los hombres fueron capaces de doblegarla.

Muerto Epafrodito, parece que Epicteto recobró la libertad, y entonces debió empezar la predicación de sus doctrinas, pues no mucho más tarde era comprendido en el edicto de Domiciano contra los filósofos. Desterrado con otros muchos, salió de Roma y de Italia y se retiró a Nicópolis, en el Epiro. Y allí continuó enseñando y acreditando la enorme reputación que, a creer a

---

[1] Favorito y secretario del emperador Nerón. Vivió hacia el año 70 d. d. J. Durante la conspiración que puso fin a la vida del citado emperador, Epafrodito le acompañó en su fuga y le ayudó a darse muerte. Domiciano, por haber osado poner la mano en un emperador, le mandó degollar a su vez. Josefo dedica sus Antigüedades judaicas a un personaje de este nombre; pero no se sabe si se trata del amigo y confidente de Nerón. Tampoco es seguro, como algunos han creído ver, que este Epafrodito fuese el amigo de San Pablo, citado por el Apóstol en sus Epístolas.

Aulio Gelio, había ya adquirido, y ello no solamente por sus preceptos, sino por el ejemplo admirable de su propia vida. Porque su cinismo era un cinismo ennoblecido en el que las normas éticas principales e indispensables eran la resignación al destino, la renuncia a los bienes del mundo, la comprensión y tolerancia de los defectos ajenos y la fe (fundamento metafísico de toda la doctrina) en una divinidad regidora del Universo. Las cosas, decía Epicteto, son de dos clases: unas dependen de nosotros; las otras, no. Estas últimas, tales que nuestro cuerpo y su integridad, las riquezas y los honores, nos son enteramente extrañas; nuestro bien y nuestro mal, por el contrario, están completamente dentro de la esfera de nuestro poder. Obrar bien es obrar conforme a nuestra naturaleza y a nuestra razón; la voluntad lo es todo en el hombre; la verdadera virtud consiste en soportar y abstenerse. Para fortificar la voluntad hay que acudir a Dios. «Acuérdate de Dios, dice Epicteto; invócale a fin de que te secunde y ayude.»

La doctrina estoica era la doctrina de los hombres de ánimo esforzado, cual siempre había sido el estoicismo; no obstante, este estoicismo distaba ya mucho, en ciertos aspectos, del de Zenón, pues había sufrido en Roma importantes modificaciones. Véase lo que a este propósito dice Pierron en su Historia de la Literatura griega: «El ingenio de los romanos no se acomodaba voluntariamente con las especulaciones metafísicas sobre las cuales pretendieron los primeros estoicos levantar el edificio de su sistema. En Epicteto y Marco Aurelio se hallan pruebas bastante numerosas de cierta indiferencia por una multitud de problemas más o menos importantes, debatidos en otro tiempo en el Pórtico por Zenón, Crisipo y todos los filósofos que se preciaban de seguir la huella moral pura de aquél. Los romanos desecharon las argucias en que parecía complacerse la lógica estoica. En ellos el estoicismo se redujo a sus verdaderas proporciones, pues le mondaron con mano firme y vigorosa de toda broza parásita. De acuerdo con sus maestros acerca de los puntos verdaderamente esenciales, manifestaron en lo demás una gran libertad de pensamiento y la fecunda virtud de la independencia. Además, en el siglo II de nuestra era, el estoicismo ya no podía hablar el lenguaje que antes bastaba a los contemporáneos de Pirro. El tiempo había andado y transformado con su acción insensible las disposiciones y voluntad de los hombres. Había en todas las almas cierta fuente de amor que quería correr y derramarse. En el fondo de los corazones germinaba sordamente la idea de la fraternidad humana. Basta abrir a la ventura los libros de Epicteto y Marco Aurelio para ver el luminoso indicio del inmenso adelanto moral realizado desde hacía tres siglos. La humildad, la abnegación, cuya virtud eficaz proclama repetidamente Epicteto; la expansiva ternura, el amor al prójimo, el sacrificio de lo propio a la dicha de los demás, que forman toda la vida a la par que toda la filosofía de Marco Aurelio, parece que son, digámoslo así, de un mundo diferente del de las meditaciones de Zenón y Crisipo sobre lo que constituye la fortaleza y la dignidad del alma y sobre las relaciones del hombre con sus semejantes. Los maestros del Pórtico negaban el dolor y proscribían la piedad, calificando casi de crímenes las flaquezas del ánimo y las emociones más gratas y naturales. Merced a Epicteto y Marco Aurelio, la Naturaleza recuperó sus derechos hasta en el estoicismo. En ellos no hay nada utópico: el uno dictó leyes que, con el cambio de algunas palabras, pasaron a ser la regla de San Nilo y de los solitarios del monte Sinaí; el otro, retratándose a sí mismo, compuso uno de los más sublimes tratados de Moral.» Y es que mientras para los fundadores del estoicismo la Moral no era sino una rama de la Física, en Roma, por el contrario, la Física ocupaba un puesto inferior a la Moral. Prueba de la influencia de esta Moral en Epicteto es que el sabio, para él, es un hombre que ama a su familia, a su patria y a la humanidad, traduciendo este amor no sólo en buenas palabras, sino en buenas obras. Ser bueno, servir a los demás, he aquí actos dignos de un sabio. La moral estoica, como toda moral, tiene por objeto asegurar la dicha de quienes la practican. Pero esta dicha, para los estoicos, no son los placeres vulgares que tienden a sofocar en nosotros la chispa divina. Al contrario, la felicidad consiste en despojarse de las servidumbres exteriores, muy particularmente las pasiones, y en hacernos semejantes a la divinidad por el cumplimiento de su voluntad. Seguir a la Naturaleza y seguir a Dios viene a ser la misma cosa. En ello consiste también la virtud que, indiferente a cuanto no es ella misma, desprecia el sufrimiento y llega hasta negar el dolor; que ve sin irritarse las miserias y vicios de la humanidad; que comparte las penas de sus semejantes y atribuye los males a la ignorancia; que se somete con humildad a los accidentes de la fortuna y a los secretos designios de la Providencia divina.

Pero el valor, precisamente, de Epicteto está en su desinterés, en haber reducido su filosofía a una doctrina moral. Y por ello la felicidad, según él, consiste en una vida conforme a la razón; razón que es el orden del mundo, sin duda, pero que obliga a buscar en la conciencia del hombre lo que la razón prescribe a cada uno. El sólido fundamento, pues, para Epicteto, de toda moral es la naturaleza misma del hombre. Obrar en todo conforme a la razón, con independencia de las esperanzas de una vida ulterior, es alcanzar la perfección de la naturaleza humana; es decir, alcanzar la verdadera felicidad. Y como el bien y el mal sólo se hallan en las cosas que dependen de la voluntad, la fortuna, los honores, las riquezas y demás vanidades no son bienes, y buscarlos equivale a correr a las servidumbres. Por consiguiente, el vivir bien y el ser felices depende de nosotros, no de las cosas exteriores. He aquí por qué la obra de la voluntad ha de consistir en librar al alma cuanto sea posible de las cosas exteriores, de los temores, esperanzas y deseos que aquéllas excitan en nosotros para esclavizarnos. Y siendo como somos juguetes de los acontecimientos por la falsa opinión que formamos de las cosas, hay que despojarse de las opiniones si queremos ser verdaderamente libres e inatacables.

Pero ¿a qué seguir, si más adelante han de encontrarse sus propias máximas? Baste decir que ningún filósofo antiguo ni moderno ha enaltecido en mayor grado que él el sentimiento de la libertad y dignidad del hombre, el amor al prójimo, la caridad, la abnegación de sí mismo, el perdón de las injurias, el sacrificio, la piedad para con hombres y dioses y el respeto a la propia vida. Ningún filósofo enseñó una moral más viva, humana, práctica, tierna, firme, elevada y noble que él. Como Sócrates, con quien tuvo gran parecido así en el poco amor a las especulaciones físicas como por la tendencia práctica de su doctrina y por el fundamento dado a la moral, Epicteto no escribió nada; pero su discípulo Arriano redactó, con el título de *"Manual"*, un compendio de las doctrinas morales de Epicteto y recopiló en una larga obra, titulada *"Disertaciones"* o *"Discursos"*, las lecciones y pláticas de su maestro. Las sentencias que se le atribuyen, y que se hallan diseminadas en los escritos de Estobeo, Antonio y Máximo pueden ser consideradas como el reflejo fiel de una enseñanza conservada por la tradición y como prueba de la huella que dejó en los espíritus. Prueba de ello, de su gran influencia, es no sólo la admirable figura de Marco Aurelio y el que hasta los últimos poetas latinos (Claudio y Rutilio) están impregnados del estoicismo, sino que si bien su doctrina, como escuela, desapareció absorbida por el neoplatonismo, su moral vive, y como doctrina misma ha revivido para ser hoy, como ayer, la filosofía de la aristocracia pensante.

Las *"Disertaciones"* constaban de doce libros. No han llegado de ellas hasta nosotros sino un corto número de fragmentos conservados por Estobeo. El Manual (resumen de las disertaciones de Epicteto), en cambio, se ha conservado íntegro gracias a Arriano. También conocemos una mitad de otra obra de Arriano, *"Diatribai Epicteton"*, en ocho libros, escrita, como las otras dos, sobre las lecciones o pláticas de su maestro.

Los Discursos fueron impresos por H. Woll (Basilea, 1560) y más tarde por Schweighauser en sus Epictetae Filosophiae Monumenta (Vol. III), y por Cari en sus Παρεργα Ελλη Βιδλιοθ (tomo 8), a quien se deben también las mejores ediciones modernas del Manual, publicado además por Heyne (Dresde, 1759, Leipzig, 1776) y otros.

EPICTETO

"MÁXIMAS"

De los bienes verdaderos y que nos son propios, de los falsos y extraños

1. Nuestro bien y nuestro mal no existe más que en nuestra voluntad.

2. De todas las cosas del mundo, unas dependen de nosotros y otras no. Dependen de nosotros nuestros juicios y opiniones, nuestros movimientos, nuestros deseos, nuestras inclinaciones y nuestras aversiones: en una palabra, todos nuestros actos.

3. Las que no dependen de nosotros son: el cuerpo, los bienes materiales, la reputación, las dignidades y honores: en una palabra, todas aquellas cosas que no entran en el círculo de nuestros propios actos.

4. Las cosas que dependen de nosotros son libres por su misma naturaleza; nada puede detenerlas ni levantar ante ellas obstáculos. En cambio, las que no dependen de nosotros son débiles, esclavas, sujetas a mil contingencias e inconvenientes y extrañas por completo a nosotros.

5. No olvides, pues, que si tomas por libres las cosas que por su naturaleza son esclavas, y por tuyas las que dependen de otros, no encontrarás más que obstáculos por doquier; te sentirás turbado y acongojado a cada paso y tu vida será una continua lamentación contra los hombres y dioses. Por el contrario, si no tomas por tuyo sino lo que realmente te pertenece y miras como ajeno lo que pertenece a los demás, nadie podrá obligarte a hacer lo que no quisieres ni impedirte que obres según tu voluntad. No tendrás entonces que quejarte de nadie ni que acusar a nadie y como nada, por leve e insignificante que sea, tendrás que hacerlo contra tu deseo, no te saldrá al paso el daño, ni tendrás enemigos, ni te acaecerá nada perjudicial ni molesto.

6. Y ya, aspirando a tan grandes bienes, no olvides que no poco ha de ser el trabajo que emplees en conseguirlos. Muy presente, pues, has de tener que en lo que respecta a las cosas exteriores y que de ti no dependen, a la mayor parte has de renunciar y el resto forzoso te será dejarlas para más adelante. Porque si pretendes poder alcanzar a un tiempo los verdaderos bienes las dignidades y las riquezas, casi seguro es que por el simple deseo de aquéllas te sean negadas éstas; y en todo caso no alcanzarás ciertamente los bienes que te hubiesen proporcionado libertad y felicidad.

7. Por consiguiente, cada vez que te sientas alcanzado por una idea perturbadora, apresúrate a decir: Te conozco: Eres un puro engaño y no lo pareces. Luego examínala bien y para sondearla profundamente emplea las reglas que te son familiares por haberlas aprendido, sobre todo la que te hace conocer si las cosas dependen de ti o no dependen. Y si pertenece a éstas, piensa sin titubear: No me importa nada.

8. Ten siempre muy en cuenta que el fin de tus anhelos es obtener aquello que deseas y el de tus recelos evitar lo qué temes. Porque cierto es de toda

certeza que el que no obtiene lo que desea es desgraciado, como infeliz el que cae en lo que más temía. Si no profesas, pues, aversión sino a aquello que es contrario a tu verdadero bien (que es lo que de ti depende), jamás caerás en lo que temas; ahora bien, líbrate de temer la muerte, las enfermedades o la pobreza, porque entonces vivirás infeliz y miserable. Es decir, que debes apartar tus temores de las cosas que por no depender de ti son inevitables y colocarlos en aquellas que de ti dependan. En cuanto a tus deseos, obra igualmente; porque si eres tan loco como para desear algo que no está en tu poder alcanzar, señal evidente es de que aún no estás en estado de conocer aquello que se debe desear. Luego, mientras alcanzas este estado sereno, conténtate con desear y temer las cosas dulcemente, cautelosamente, examinándolas con tiento y serenidad.

9. La enfermedad entorpece los actos del cuerpo, pero no los de la voluntad. Si me quedo cojo, ello será una dificultad para mis pies, pero en modo alguno para mi espíritu. Piensa de este modo en cuantos accidentes te sobrevengan y pronto te convencerás de que para cualquier cosa podrán ser obstáculo menos para ti.

10. Cuando el cuervo lanza un graznido, que dicen de mal agüero, no te dejes llevar de tu imaginación; antes al contrario, raciocina contigo mismo y di: Ninguna de las desgracias presagiadas por ese augurio me atañe; en tal caso, a este mi débil cuerpo o a mi menguada hacienda; tal vez a mi reputación o a mi mujer o a mis hijos, que para mí no hay, si me lo proponga, sino presagios felices, ya que, suceda lo que suceda, de mí dependa sacar en todo el mayor bien y provecho.

11. Ante cada una de las cosas que te regocijan o que, por serte útiles y provechosas, sientas hacia ellas predilección, no dejes de darte cuenta de lo que verdaderamente son, empezando por las más insignificantes. Así, por ejemplo, estimas una vasija de barro; pues bien, no dejes de decirte siempre que se trata simplemente de una vasija de barro; de este modo, el día que se rompa, no sentirás pesar. Si es en un hijo o en una mujer en quien depositas tu cariño, repítete frecuentemente que amas a un ser mortal, con objeto de que si la muerte te los arrebata, tu congoja sea mucho menor.

12. Pues si quisieras que tus hijos, tu mujer o tus amigos viviesen eternamente, no querrías sino una locura, ya que equivaldría a pretender que dependiese de ti las cosas que no pueden depender y que fuese tuyo y sujeto a tu voluntad lo que en modo alguno te pertenece. Asimismo, insensato eres si pretendes que tu servidor no te falte nunca, pues tanto equivaldría a querer que el vicio dejase de serlo para ser otra cosa. De modo que si quieres que jamás tus deseos se vean frustrados, haz simplemente una cosa bien sencilla: no desees sino aquello que de ti dependa.

13. Ten siempre muy en cuenta las siguientes consideraciones: ¿Qué es lo que me es propio y mío? ¿Qué es lo que me es ajeno y extraño? ¿Qué es lo que me ha sido dado? ¿Qué es lo que los dioses quieren que haga y lo que me

vedan? Piensa que hasta este instante han derramado sobre ti sus favores dándote tiempo sobrado para ocuparte de ti mismo, para leer, para meditar, para escribir sobre las cuestiones más importantes; es decir, para disponerte a las mejores y más hermosas adquisiciones. Piensa que todo este tiempo que te concedieron te ha debido bastar. Por eso ahora te dicen: ¡Ea!, combate; muestra lo que has aprendido; veamos si eres un luchador digno de nosotros y de ser coronado, o simplemente uno de esos gladiadores infelices de feria que recorren el mundo siendo humillados y vencidos en todas partes.

14. Jamás te vanaglories de lo que de ti no dependa; de un mérito que en realidad te sea ajeno. Si un caballo pudiese hablar y dijera: ¡Qué hermoso soy!, sería al fin y al cabo tolerable, pues que, sobre ser verdad, lo decía un caballo; pero que tú te envanezcas diciendo: Tengo un hermoso caballo, no. Sin contar, además, que es envanecerse de bien poco, porque, ¿qué es lo que hay de tuyo en esto, fuera del mal uso que haces de tu imaginación? Sólo, pues, cuando uses de ella de acuerdo con la naturaleza podrás envanecerte y vanagloriarte, ya que entonces te glorificarás de un bien que en realidad te es propio.

15. La nobleza del hombre procede de la virtud, no del nacimiento. Valgo más que tú porque mi padre fue cónsul y además soy tribuno, y tú no eres nada. Vanas palabras, amigo. Si fuésemos dos caballos y me dijeses: Mi padre fue el más ligero de los caballos de su tiempo y yo tengo alfalfa y avena en abundancia y además soberbios arneses, te contestaría: Lo creo, pero corramos juntos. ¿No hay, asimismo, en el hombre algo que le es propio - como al caballo la velocidad-, algo por medio de lo cual puede conocerse su calidad y estimarse su verdadero valer? Y este algo, ¿no es el pudor, la honradez y la justicia?... Muéstrame, pues, la ventaja que en todo esto me llevas; hazme ver que como hombre vales más que yo y te consideraré superior a mí. Porque si no me dices sino que sabes rebuznar y dar coces, te contestaré que te envaneces de cualidades propias de un asno o de un caballo; pero no de un hombre.

De la felicidad

1. Las cualidades esenciales de la verdadera felicidad son la duración y la estabilidad; durar siempre y que ningún contratiempo pueda perturbarla. La que no reúne estos caracteres no es sino una engañosa felicidad.

2. No deberíamos alegrarnos con nuestros semejantes ni felicitarnos sino por aquellas cosas que verdaderamente son causa de regocijo por serles útiles y honrosas.

3. El deseo y la felicidad no pueden vivir juntos.

4. Los verdaderos días de fiesta son y deben ser para ti aquellos en que has vencido una tentación o te has arrancado, o al menos dominado, el orgullo, la temeridad, la malignidad, la maledicencia, la envidia, la obscenidad en el lenguaje, el lujo o cualquiera de los vicios que te tiranizan. Esto es lo que debe alegrarte y merecer tus desvelos y sacrificios con mucho más motivo que haber obtenido un consulado o el mando de un ejército.

5. Cuando oigo llamar feliz a alguno porque cuenta con los favores de un príncipe, pregunto en seguida: -¿Cómo le ha favorecido?-Ha sido nombrado gobernador de una provincia. -Pero ¿ha obtenido al mismo tiempo cuanto es preciso para cumplir debidamente su misión? Cuando me dicen: -Fulano ha sido nombrado pretor. -¿Cuenta con lo necesario para serlo debidamente? -pregunto al punto. Porque no son las dignidades las que dan la felicidad, sino el desempeñar bien y acertadamente los cargos que van unidos a ellas.

6. Guárdate mucho viendo a alguno colmado de honores o alcanzar las más elevadas dignidades, de considerarle, arrastrado por tu imaginación, como un hombre feliz. Porque si la esencia del verdadero bien está en las cosas que dependen de nosotros, ni la envidia, ni la emulación, ni los celos podrán anidar en ti y no desearás ser general, ni senador, ni cónsul, sino libre. Y piensa que para alcanzar esta libertad sólo hay un camino: el desprecio de las cosas que no dependen de nosotros.

7. ¿Es infeliz el caballo por no poder cantar? En modo alguno. Lo sería, en tal caso, por no poder correr libremente. ¿Lo es el perro por no poder volar? Tampoco; lo que tal vez deplorase sería la falta de sentimiento. ¿Será desgraciado el hombre por no poder despedazar leones o ejecutar otras empresas tan enormes y contrarias a su naturaleza? De ninguna manera, puesto que no es para tales cosas para lo que fue creado. En cambio, bien desgraciado será, y como tal debe considerarse, si pierde el pudor, la bondad, la fidelidad, la justicia y cuantas excelencias imprimieron en su alma los dioses.

8. Hércules, puesto a prueba por Euristeo, no se consideró jamás infeliz; antes por el contrario, ejecutaba con la, mayor diligencia y perfección los dificilísimos trabajos que el tirano le encomendaba, ¿Cómo, pues, tú, puesto a prueba por los dioses-por los dioses, a quienes tanto debes, empezando por

tu nacimiento-, te atreves a lamentarte y dejar oír entre gritos tu desgracia? ¡Qué cobardía! ¡Qué miseria!

9. Nada tan frecuente como hallar poderosos que creen saberlo todo, sin saber nada, incluso ignorando las verdades más esenciales y rudimentarias. Como nacen en la riqueza y no carecen de cosa alguna, no llegan ni a imaginar que pueda faltarles lo que les sobra. Esto mismo decíale cierta vez a uno de nuestros más encumbrados magnates: -Ya sé que eres bien mirado del príncipe, que tus administrados son muchos y poderosos y que cuentas con muchos principales amigos. Es decir, que dispones siempre con medios sobrados para servir a quienes te lo propongas y para perjudicar a quien así lo desees. Todo esto lo sé muy bien. -¿Qué es, pues, lo que me falta?-dijo. -Lo más importante y necesario para poseer la verdadera felicidad; que hasta aquí has hecho siempre todo lo contrario de lo preciso para alcanzarla. Nada sabes de lo que verdaderamente son los dioses y de lo que es el hombre; desconoces la naturaleza del bien y del mal, en fin, y esto es lo que más va a sorprenderte, ni a ti mismo tan siquiera te conoces. ¡Pero, cómo! ¿Te vas y disgustado de mi sinceridad? ¿Es que te he causado mal alguno? ¡Si no he hecho sino presentarte el espejo que te ha retratado tal cual eres!

10. Conserva bien lo tuyo y no codicies lo ajeno. Si tal haces, nada podrá impedirte el ser dichoso.

11. Sócrates quería mucho a sus hijos, pero los quería con conciencia clara de su cariño y sin olvidar que a quien es preciso amar ante todo es a los dioses. A ello se debe el que jamás dijese cosa alguna que no fuera digna de un hombre de bien, lo mismo cuando estuvo en la guerra o en la senaduría, que más tarde delante de sus jueces. Pero a nosotros todo nos sirve de pretexto para ser mezquinos y cobardes: ora un hijo, ora una madre; ora un hermano. Sin embargo, no deberíamos hacernos infelices por nadie, sino al contrario, aprovechar para nuestra felicidad todas las criaturas y aun los mismos dioses, que, precisamente, si nos han creado es para que seamos dichosos.

De las riquezas

1. Cada uno tiene en su cuerpo la medida de la riqueza, como tiene en su pie la medida del zapato que le conviene. Es decir, que basta atenerse a esta consideración para no salirse jamás del punto justo; pero desdichado de quien la traspasa, pues rodara por una pendiente en que nada será capaz de detenerle. Que hasta con el calzado ocurre que aquel que sobrepuja al que le corresponde, pronto, de los zapatos dorados pasará a los purpúreos y luego los ansiará bordados; que no hay término jamás para aquel que rebasa lo que naturalmente le corresponde.

2. No está en nuestras manos el ser ricos, pero sí el ser felices. Además, las riquezas no son siempre un bien, sobre que suelen ser poco duraderas. En cambio, la felicidad que proviene de la sabiduría dura siempre.

3. La vida que entregada a las riquezas transcurre en brazos de la suntuosidad y de la molicie, es cual torrente de agua siempre turbia espumeante, peligrosa, enfangada, violenta, tumultuosa y pasajera; mientras que la empleada en la virtud es cual el manantial de agua eternamente pura, cristalina, sana, fresca e inagotable.

4. Has adquirido muchas cosas soberbias; muchos vasos de oro y plata, muchas cosas ricas, y rico te crees. Pero te falta lo mejor: careces de constancia, de sumisión a los divinos mandatos y de la tranquilidad de espíritu necesaria para apartar de ti los temores y sobresaltos. En cuanto a mí, aun siendo muy pobre, soy más rico que tú, pues ni me preocupa el carecer de protector en la corte, ni lo que puedan decir de mí al príncipe; en cambio, no tengo que adular a nadie, y esto es para mí mucho más que los bienes de que carezco. En cuanto a ti, ¿de qué te sirven tantos vasos de oro y plata, si todos tus pensamientos, deseos, inclinaciones y actos evidencian el barro de que estás hecho?

5. Tan difícil es para los ricos adquirir la sabiduría como para los sabios adquirir la riqueza.

6. No es la miseria la que verdaderamente nos aflige, sino la avaricia; asimismo, no son las riquezas las que nos preservan de los mil temores que ensombrecen nuestra vida, sino la razón.

7. ¿Estimarás una víbora por el simple hecho de verla en una caja de oro? ¿Dejará acaso de inspirarte menos horror y menos recelo su ponzoña e innata maldad? Haz, pues, lo mismo con el malvado, aunque le veas nadando en riquezas.

8. No es hablar razonablemente el decir: Soy mejor que tú, porque soy más rico; valgo más que tú, porque soy más elocuente. Al contrario, si se quiere hablar razonablemente, es preciso decir: Soy más rico que tú, porque mis bienes en la actualidad son superiores a los tuyos; mi elocuencia vale más que la tuya, porque es mayor mi facilidad de expresión. Pero en verdad que el

que de aquel modo hable no podrá ufanarse con justicia ni de rico ni de elocuente.

9. No olvides que son los ricos, los reyes y los tiranos los que dan los personajes a las tragedias; los pobres, en cambio, no aparecen en ellas, o, a lo sumo, confundidos con los coros y los danzantes. Pero suele ocurrir que mientras al principio de las obras los reyes prosperan, pues de todos son respetados y honrados y en su honor se levantan altares y sus palacios son empavesados y adornados con guirnaldas, al final se les oye exclamar siempre: ¡Oh, Citerea! ¿Por qué me acogiste tan favorablemente?

10. La sed de un calenturiento es muy distinta de la de un hombre sano. Este, en cuanto ha bebido, está satisfecho por haber aplacado su deseo; pero aquél, tras un breve momento de bienestar, padece mareos, se le agria lo que ha bebido, tiene vómitos dolorosos y le vuelve la sed aún más abrasadora. Pues bien: otro tanto le ocurre al que posee riquezas, honores o una mujer hermosa con excesivo frenesí. La sed de este desdichado es la sed del calenturiento, de la que nacen los celos, los temores, las malas palabras, los deseos impuros y los actos obscenos. Tú, amigo mío, que eras antes tan comedido y tan pudoroso, ¿qué has hecho de tu pudor y de tu cordura? En lugar de leer a Crisipo y a Zenón, lees tan sólo libros detestables; en lugar de admirar a Sócrates y a Diógenes, y seguir su ejemplo, no admiras ni imitas sino a aquellos que son maestros en el arte estúpido de corromper y engañar a las mujeres. Por parecer hermoso, te emperifollas, adornas, tiñes y retocas cual si ello bastase; y vistes trajes magníficos y te arruinas con esencias y perfumes. ¡Ea!, vuelve en ti, lucha contra ti mismo y gana de nuevo tu pudor, tu libertad y tu dignidad perdida; en una palabra: vuelve a ser hombre. He conocido un tiempo en que si se te hubiese dicho: «Fulano va a pervertir a Epicteto haciéndole incurrir en adulterio, que caiga en toda clase de lujos superfluos y que se presente en público teñido y perfumado»; hubieras volado en mi auxilio, y aun creo que hubieras estrangulado a quien tal hubiese dicho. Pues bien: no se trata ahora de matar, sino de que te reconcentres en ti mismo, de que te hables a ti mismo. ¿Quién mejor que tú propio será capaz de persuadirte? Comienza, pues, por condenar tu conducta; pero pronto, antes de que el mal sea ya inevitable.

Del conocimiento de sí mismo

1. Amigo mío: considera en primer lugar qué es lo que deseas y examina luego tu propia naturaleza, para ver si posees la fuerza necesaria para llevar a cumplimiento tus deseos. ¿Quieres ser atleta o gladiador? Pues mira tus brazos, palpa tus muslos, considera la robustez y resistencia de tus espaldas, que no todos hemos nacido para llevar a cabo las mismas empresas. ¿Estás seguro de que abrazando esta profesión podrás comer como los que la practican, beber como ellos y como ellos renunciar a todos los placeres? Es preciso dormir poco, trabajar mucho, abandonar padres y amigos, ser juguete de un niño, contentarte con llegar el último a la obtención de cargos y honores. Considera bien todo esto, y mira si a este precio puedes comprar la tranquilidad, la libertad y la constancia; de lo contrario, aplícate a cualquier otra cosa y no hagas como los niños; no seas filósofo hoy, sicario mañana, pretor al otro día y finalmente privado del príncipe. Mira que todas estas cosas se avienen muy mal entre sí. Es indispensable que seas un solo hombre, bueno o malo. Es preciso que te apliques a estudiar lo que corresponde a tu naturaleza y disposición y que trabajes por adquirir los bienes interiores o los exteriores; en una palabra, que te manifiestes con el carácter de un filósofo o con el de un hombre vulgar.

2. Este desea ser tribuno; aquél pide el mando de un cuerpo de ejército; yo no pido y ansío otra cosa que ser pudoroso y modesto, porque soy libre y amigo de los dioses y les obedezco con todo corazón. Es, pues, forzoso que prescinda de mi cuerpo, de los bienes, de las dignidades de la reputación y de cuanto me sea ajeno, porque los dioses quieren que de todo esto haga caso omiso. Que si su designio hubiese sido otro, fácilmente hubieran hecho que todas estas cosas hubieran sido para mí bienes reales; pero, puesto que lo han dispuesto como es, obedezco gustoso sus órdenes, seguro de que no me están destinados tales pretendidos bienes.

3. No existe hombre alguno que, naturalmente, no posea cierta noción del bien y del mal, de lo honrado y de lo infame, de lo justo y de lo injusto, de la felicidad y de la desgracia, del cumplimiento de los deberes y de los males de la negligencia. ¿Cómo puede ser entonces que nos equivoquemos tan frecuentemente al juzgar hechos aislados relativos a estas cuestiones? Pues, sencillamente, de que aplicamos mal nuestras nociones comunes y de que solemos juzgar por juicios mal establecidos; es decir, por prejuicios. Lo bello, lo malo, lo justo, lo injusto, son palabras que todo el mundo emplea indistintamente sin haber aprendido el modo de emplearlas con razón y equidad. Y de ello nacen las disputas, las riñas y hasta las guerras. Yo digo: esto es justo. Otro replica: es injusto. ¿Cómo ponernos de acuerdo? ¿Qué regla seguir para juzgar con certeza? ¿Bastará la opinión para guiarnos? No, puesto que somos dos y sustentamos opiniones opuestas. Por otra parte,

¿cómo puede la opinión ser juez seguro? ¿Acaso los locos no tienen también su opinión? Y, no obstante, es fuerza exista una ley para conocer la verdad, porque no es posible que los dioses hayan dejado a los hombres en completa ignorancia de lo que deben hacer para regirse. Busquemos, pues, esta regla que ha de librarnos de caer en el error y curar la temeridad y la locura de la opinión. Esta regla consiste en aplicar a la especie los caracteres que se conceden al género, a fin de que, conocidos y aceptados estos caracteres por todos los hombres, nos sirvan para enderezar los prejuicios que hayamos formado sobre cada caso concreto; por ejemplo, una vez formada idea del bien, tratamos de saber si la voluptuosidad es un bien; pues bien, no hay sino examinarla del modo expuesto; sopesarla en esta balanza. Yo la peso con los caracteres del bien que son mis pesas, y como la encuentro ingrávida, la rechazo porque el bien es una cosa muy sólida y de gran peso.

4. Si alguna vez acusas a la Providencia, vuelve en ti en seguida y verás cómo la justificas. ¿En qué te parece que el malvado lleva mejor parte que tú? ¿Es, tal vez, porque sea más rico? Si es por ello, examina su interior, mira qué vida lleva y verás cuánto te pesaría ser lo que él es. Esto mismo le decía el otro día a un joven a quien, la creciente prosperidad de Filostorgo irritaba: -¿Te acostarías con Sura con tal de verte como él se ve? -¡No lo permitan los dioses! ¡Antes muerto! -Y entonces, ¿por qué te irrita que Filostorgo se cobre lo que vende a Sura? ¿Por qué ha de parecerte feliz si lo que posee son cosas que tú aborreces? ¿No te ha favorecido mejor que a él la Providencia, puesto que te ha dado lo mejor que darte podía? ¿No vale la sensatez todas las riquezas del mundo? Anda, anda y no te quejes, que lo más precioso eres tú quien lo posees.

5. ¡Cuán ciego e injusto eres! En ti está no depender más que de ti mismo, y te esfuerzas en depender de un millar de cosas que te son ajenas y que te alejan de todo verdadero bien.

Sobre el propio perfeccionamiento

1. Partes para Roma y emprendes tan largo viaje para alcanzar en tu patria un empleo más lucrativo que el que desempeñas. Pero, dime, ¿qué viaje has emprendido jamás para mejorar tus opiniones y sentimientos? ¿Se te ocurrió consultar a alguien siquiera una vez para ver de corregir tus defectos? ¿En qué tiempo ni a qué edad te has tomado el trabajo de examinar tus opiniones? Recorre los años de tu vida y verás que siempre has hecho lo mismo que haces hoy.

2. ¡Qué no hará un banquero para examinar el dinero que le dan! Aguza todos sus sentidos: la vista, el tacto, el oído, todos. Y no contento con sonar la moneda una o dos veces, a fuerza de estudiar sus sonidos se vuelve casi músico. Pues bien: todos somos banqueros en aquello que nos interesa; con el fin de no ser engañados, no hay atención ni aplicación que no pongamos en juego. Pero si se trata de nuestro raciocinio, de examinar nuestros juicios y opiniones con objeto de evitar que nos engañen, entonces nos volvemos perezosos y descuidados como si esto no nos interesara; y es que no sabemos apreciar los daños que semejante descuido nos causa.

3. Estamos compuestos de dos naturalezas perfectamente distintas: de un cuerpo que nos es común con los animales y de un espíritu que nos es común con los dioses. Pero unos tienden hacia el primer parentesco, si así puede decirse, parentesco desdichado y muerto, y otros tienden hacia el segundo, hacia el feliz y divino; de aquí proviene que unos piensen noblemente, mientras los otros -la inmensa mayoría-no conciben más que pensamientos bajos e indignos. En lo que a mí respecta, ¿qué soy? Un pobre desdichado, y estas carnes que componen mi cuerpo, algo enfermizo y miserable. Pero algo hay en mí mucho más noble que esta carne; ¿por qué, pues, apartándome de aquel tan elevado principio, doy a lo bajo, a la carne, tanta importancia? He aquí la pendiente por donde se dejan resbalar la casi totalidad de los hombres; y he aquí por qué se encuentran entre ellos tantos monstruos, tantos lobos, tantos leones, tantos tigres y tantos cerdos. Ten cuidado, pues, y procura no aumentar el número de los brutos.

4. El verdadero bien del hombre está siempre en la parte por la cual difiere de las bestias. Conviene, por tanto, que esta parte se halle bien asistida y fortificada y que las virtudes sean sus centinelas avanzados, para mejor rechazar al enemigo y poder vivir con toda seguridad exento de temores.

5. De ti depende el sacar partido de cuanto acaezca. No digas, pues, nunca: ¿Qué sucederá? ¿Qué te importa lo que pueda suceder desde el momento que puedes hacer de ello buen uso y sacar provecho, y puesto que hasta un contratiempo puede convertirse para ti en manantial de felicidades? ¿Acaso Hércules dijo jamás: «Dioses, no permitid que un león o un jabalí enorme se crucen en mi camino, ni que tenga que combatir con hombres

monstruosos y feroces»? No te preocupes, pues. Si un espantoso jabalí se te pone delante, mayor será el combate y más gloriosa la victoria; si te sorprenden hombres descomunales y feroces, mayor será tu mérito si logras desembarazar de ellos al universo. -¿Pero y si muere en la refriega?-¿Y qué? ¿No morirás como un héroe? ¿Y se puede desear suerte mejor?

6. Graba bien en tu pensamiento la idea de la muerte, la del destierro y cuantas cosas pasan por terribles y muy desdichadas con objeto de que no te asalten jamás pensamientos bajos ni desees nada con exceso.

7. No olvides que eres actor en una obra, corta o larga, cuyo autor te ha confiado un papel determinado. Y bien sea este papel el de mendigo, de príncipe, de cojo o de simple particular, procura realizarlo lo mejor que puedas. Porque si ciertamente no depende de ti escoger el papel que has de representar, sí el representarlo debidamente.

8. Si quieres no ser jamás vencido, no tienes sino escoger combates en los que de ti dependa exclusivamente el salir victorioso.

9. Si te propones desempeñar un papel superior a tus fuerzas, no solamente lo desempeñarás mal, sino que dejarás de representar aquel que hubieras desempeñado bien.

10. No codicias sino vivir en palacios suntuosos, rodearte de numerosa servidumbre, ataviarte con magnificencia, poseer espléndidos carros, caballos magníficos y lujosos perros de caza, y rodearte de comediantes y músicos. Pero ¿crees que te envidio algo de todo ello? Por el contrario, dime, ¿has cultivado, acaso, tu entendimiento? ¿Te has preocupado de adquirir juicios y opiniones sanas? ¿Te has interesado jamás por la verdad? Y si nada de esto has hecho, ¿por qué te enfada que yo te aventaje en aquello que tanto has descuidado? -Es que esto que quieres es algo extraordinario y desacostumbrado. -Me alegro que lo reconozcas; pero ¿quién te impide alcanzarlo? En lugar de monteros, músicos y cómicos, rodéate de personas sensatas. Nadie mejor que tú puede procurarse más libros, maestros y el tiempo necesario para estudiar. Empieza, pues; empieza y cede a tu razón parte del tiempo que te sobra y desperdicias. Escoge; y si sigues entregándote a las cosas puramente exteriores; es indudable que llegarás a poseer muebles más preciosos y más raros que otros; pero tu pobre inteligencia, así abandonada, no pasará de ser un mueble más; ¡pero qué inútil, torpe y feo!

11. Has sufrido quebrantos de fortuna, no has podido asistir a tales juegos o tal concierto o a determinados placeres, y de tal modo te duele esta pérdida, que te muestras inconsolable. En cambio, después de haber perdido la fidelidad, el pudor, la dulzura o la modestia, diríase, de tal modo estás tranquilo que nada hubieses perdido... Y, sin embargo, los bienes exteriores, aquellos, los perdemos por una causa ajena a nosotros; es decir, de modo involuntario, y, por consiguiente, no es vergonzoso perderlos. En cambio, estos últimos-los bienes inferiores-no los perdemos sino por nuestra culpa; y

si vergonzoso y reprochable es el no poseerlos, aún es más digno de reproche y de vergüenza el, teniéndolos, dejarlos perder.

12. Es muy natural que aquel que se entrega en cuerpo y alma a cualquier cosa que sea, lleve ventaja al que no se preocupa de ella. Unos se afanan toda su vida en medrar a costa de acumular riquezas; desde que se levantan no piensan sino en cómo podrán ganar a algún servidor estimado o a algún favorito del monarca; para ello se arrastran a sus pies y les colman de regalos. Luego, en sus plegarias y sacrificios tan sólo piden a los dioses que les concedan el don de caerles en gracia. Estos son los que por las noches hacen el siguiente o parecido examen de conciencia: ¿Qué he hecho hoy? ¿He olvidado algo de lo que debía? ¿Descuidé alguna lisonja que le hubiese agradado? ¿Se me escapó tal vez, imprudentemente, alguna verdad que pudo desagradarle? ¿He dejado de aplaudir alguno de sus defectos, de alabar alguna de sus injusticias o de dar mi aquiescencia a las malas acciones que ha cometido? Y si por casualidad ha salido de su boca una palabra digna de un hombre honrado y libre, se recrimina, se arrepiente y se considera perdido. He aquí cómo obra para medrar y para amontonar riquezas.

Tú, en cambio, no lisonjeas a nadie, ni a nadie adulas; cultivas tu alma, te afanas por adquirir conocimientos sabios, y tu examen de conciencia es poco más o menos éste: ¿He descuidado algo-te dices-de lo que contribuye a la verdadera felicidad y es al mismo tiempo grato a los dioses? ¿He faltado a la amistad, a mis semejantes o a la justicia? ¿He dejado de cumplir con mi deber de hombre honrado? Con deseos tan opuestos, con sentimientos tan contrarios, con una intención y norma tan distinta, ¿podrás acongojarte por no igualar a aquellos en bienes de fortuna? Porque, por tu parte, no dudes que lo menos que les inspiras a ellos es envidia. Y esto porque ellos, sumergidos en la ceguera y en la ignorancia, creen firmemente gozar de los verdaderos bienes, y de que tú no estás suficientemente iluminado ni tienes suficiente firmeza en tus principios para ver y conocer que toda la felicidad está de tu parte.

13. No tienes que librar a la tierra de monstruos porque no naciste Hércules ni Teseo; pero puedes imitarlos librándote tú mismo de los monstruos formidables que llevas en ti. En tu interior hay un león, un jabalí, una hidra; pues bien, procura dominarlos. Procura dominar el dolor, el miedo, la codicia, la envidia, la malignidad, la avaricia, la pereza y la gula. Y el único medio de vencer a estos monstruos es tener siempre muy presentes a los dioses, serles afecto y fiel y obedecer ciegamente sus mandatos.

14. Sacude el yugo, y una vez libre de esclavitudes, levanta los ojos al cielo y di a tu dios: Sírvete de mí, Señor, como mejor te plazca; nada he de rehusar de lo que te sirvieres enviarme; es más, justificaré tu conducta a los ojos de los demás hombres.

15. En lugar de dispensar tu asiduidad a un rico, dispénsala a un sabio. El trato de éste jamás te hará ruborizar, y nunca volverás a tu casa sin haber

aprendido algo. Si dudas de mis palabras, no tienes sino hacer la prueba. Hazla; que en modo alguno, sino al contrario, es vergonzosa.

16. Ten siempre presente que debes conducirte en la vida como en un festín. ¿Que llega un plato hasta ti? Pues alarga la mano con decencia y sírvete con moderación. ¿Lo quitan? No trates de impedirlo. ¿Tardan en dártelo? Modera tu deseo y aguarda tranquilo a que llegue. Haz lo mismo con tus hijos, con tu mujer, con los cargos y dignidades y con las riquezas y te harás digno de ser admitido en la propia mesa de los dioses. Más aún: si cuando todo aquello se te ofrece, lejos de tomarlo, lo rehúsas y desprecias, no sólo serás por este hecho huésped de los dioses, sino muy semejante y digno de reinar con ellos. No de otro modo llegaron Diógenes, Heráclito y algunos otros pocos hombres a ser semidivinos y como tales reconocidos por los demás.

17. Un niño introduce su mano en un frasco de abertura angosta que contiene golosinas, y de tal modo y tantas coge, que luego le es imposible sacarla, viéndose precisado, entre lágrimas, a soltar la mayor parte para conseguirlo. Tú eres este niño: deseas mucho, y no puedes obtenerlo; desea menos, modera tu ambición, y verás colmados tus deseos.

18. Cuando se echa al populacho higos y avellanas, los muchachos se golpean y empujan por recogerlas; pero los hombres no hacen de ello el menor caso. Distribuyen gobiernos de provincias, reparten pretorías y consulados, y los hombres se vuelven niños por atrapar lo que, bien mirado, no vale más que aquellos higos y avellanas. En cuanto a mí, si por casualidad ha venido a caer algo entre los pliegues de mi vestido, lo cojo y me lo como. No lo desprecio; pero ni he de empujar a nadie ni tan siquiera bajarme para recogerlo.

19. Estés solo o acompañado, prescríbete siempre una regla de conducta que marque en ti un carácter indeleble y jamás desmentido.

20. No te rías mucho tiempo, ni a menudo, ni excesivamente.

21. Evita el comer fuera de tu casa y rehúye los festines públicos. Pero si las circunstancias te obligan alguna vez a quebrantar este propósito, procura muy mucho no caer en los bajos modales del populacho. Porque cosa cierta es que si uno de los comensales es sucio, necesaria mente manchará al que esté a su lado, haga este lo que haga por evitarlo.

22. Aun de las cosas precisas al cuerpo guárdate de usar continuamente, a menos que lo exijan las necesidades del alma-me refiero a la comida, a los vestidos, a la habitación, a la servidumbre, etc.-; y, desde luego, rechaza aquello que únicamente la molicie o la vanidad te pidan.

23. Procura, siempre que puedas, guardar silencio, no hablar sino lo necesario, y aun esto con las menos palabras posibles. De no hablar sino cuando fuese preciso, raramente despegaríamos los labios. Pero, sobre todo, abstengámonos de las conversaciones triviales y comunes, cuales son los combates de gladiadores, las carreras de caballos, los hechos de los atletas, de

la comida o de la bebida y de los vestidos: temas todos obligados entre los hombres vulgares. Y menos aún hemos de hablar de los hombres, ora para denigrarlos o ensalzarlos, ya para establecer comparaciones entre ellos.

24. Siempre que puedas, procura que la conversación de tus amigos recaiga sobre asuntos razonables, decentes y dignos. De hallarte entre extraños, lo más prudente es el silencio.

25. Reúnes en ti diversas cualidades, y cada una de ellas exige el cumplimiento de determinados deberes. Desde luego, eres hombre, ciudadano del mundo, hijo de los dioses y hermano de todos los demás humanos. Además de todo esto puedes ser senador o desempeñar algún otro cargo, ser joven o viejo, padre, hijo o esposo. Pues bien: medita detenidamente a lo que cada uno de estos títulos te obliga y procura no deshonrar ninguno.

26. Careces de lo necesario para vivir, y me preguntas si para no morirte de hambre debes rebajarte hasta aceptar los oficios más abyectos. ¿Qué puedo contestarte a esto? Gentes hay que prefieren el oficio más bajo a morirse de hambre; otras hay para quienes lo indigno es lo menos tolerable. No es, pues, a mí a quien debes consultar, sino a ti mismo.

27. Los hombres se fijan ellos mismos su precio-alto o bajo, según mejor les parece-, y nadie vale sino lo que se hace valer. Tásate, por lo tanto, como libre o como esclavo, ya que en tu mano está.

28. Tu gusto es parecerte a la mayor parte de los hombres como un hilo de tu túnica se parece a los demás hilos de que está tejida. Mi gusto es muy otro: yo prefiero parecerme a esa franja de púrpura que no tan sólo resplandece por sí misma, sino que hermosea la túnica sobre que está colocada, ¿Por qué, pues, me aconsejas que sea como los demás? Si fuese como el hilo, no sería como la púrpura.

29. He aquí una hermosa frase de Agripino: «Jamás seré un obstáculo para mí mismo.»

30. ¿Qué aguardas para juzgarte digno de grandes empresas y para ponerte en estado de no herir jamás la recta razón? ¿Acaso no conoces ya los preceptos que debías aceptar y que has aceptado? ¿Por qué, pues, vas demorando siempre el momento de enmendarte, cual si aguardaras la llegada de un maestro que nunca viene? Considera que ya no eres un niño, sino un hombre, Si te olvidas, si te distraes, si amontonas resolución sobre resolución, si cada día te señalas el siguiente para ocuparte de ti, pronto llegarás a una edad en que, a pesar tuyo, no habrás progresado nada. Entonces perseverarás en tu ignorancia toda la vida y aun después de muerto. ¡Ánimo, pues! Empieza a juzgarte desde hoy digno de vivir como un hombre; pero como un hombre que ha hecho ya algunos progresos en el campo de la sabiduría y que desde este momento cuanto te parezca verdaderamente bello y bueno sea para ti como ley inviolable. Y si algo penoso o agradable, vergonzoso o glorioso se te ofrece, acuérdate de que está el combate abierto,

que los juegos olímpicos te llaman y que no es tiempo de retroceder; y no olvides que de un momento solo, de un solo acto de valor o cobardía, depende tu victoria o tu derrota. No de otro modo Sócrates pudo llegar a la perfección; así: haciendo que todas las cosas sirvieran a su fin y perfeccionamiento y tan sólo siguiendo y obedeciendo a la razón. Y aun cuando tú no seas Sócrates, no por ello debes dejar de vivir con el decidido propósito de llegar a serlo.

31. Como has nacido de padres nobles, estás tan hinchado de tu nobleza que no cesas de hablar de ella y de marear con ella a todo el mundo. En cambio, olvidando lo que llevas en ti mismo, es decir, a la divinidad-paternidad común y por excelencia de todos-, olvidas esta verdadera nobleza y acabas por ignorar tu procedencia y tu verdadero abolengo. Y, sin embargo, ello es lo que más presente debieras tener en todos los momentos de tu vida. Ve lo que de continuo, para que no se te olvidase, deberías repetirte: Habiéndome creado la divinidad, en mí está y conmigo la llevo siempre dondequiera que vaya. ¿Cómo podré, entonces, mancharla con palabras obscenas, acciones viles y deseos infames?

32. Si los dioses te hubiesen confiado la custodia de un pupilo, tendrías de él sumo cuidado y por todos los medios procurarías que tan sagrado depósito fuese respetado. Pues bien: piensa que te han hecho custodio de ti mismo y que te han dicho: No creemos poderte confiar a tutor más fiel y atento que tú mismo; consérvanos, pues, conservándote, este hijo tal cual es por naturaleza; es decir, pudoroso, fiel, valeroso, magnánimo y libre de pasiones y temores. Esto te han dicho los dioses, y tú lo has echado en olvido. ¡Qué torpeza! ¡Qué crimen!

33. Seguro estoy que delante de una estatua de los dioses te avergonzaría cometer actos deshonestos. ¿Cómo, entonces, puesto que te ven y te oyen de continuo, no te ruboriza y espanta tener pensamientos obscenos y hacer actos impuros que les hieren, les deshonran y les afligen? ¡Ay, enemigo de los dioses! ¡Cobarde! ¡Miserable, que olvidas tu divina naturaleza!

34. Si fueras una estatua de Fidias-su Minerva o su Júpiter-y tuvieses conciencia, te guardarías muy bien, al acordarte del artista que te formó, de hacer algo que fuera indigno de él y de ti; por nada del mundo querrías aparecer en un estado indecente que deshonrase tu belleza. Pues bien: ¿no comprendes que no preocupándote por el en que apareces ante los dioses deshonras la mano que te ha formado? ¡Qué diferencia, no obstante, entre obrero y obrero y entre obra y obra!

35. Si alguien entregara tu cuerpo a la merced del primero que llegase, te irritarías. Pues ¿cómo no te avergüenza entregar tu alma al primer advenedizo?

36. Cuando hagas alguna cosa convencido de que es tu deber hacerla, no busques medios para evitar que vean que la haces, por desfavorable que pueda ser el juicio que de ti y de tu acción forme el público. Porque si la

acción es mala, no tienes más que no hacerla; pero si es buena, ¿por qué has de temer a los que sin razón te condenan?

37. ¿Qué hombre hay invencible? Únicamente aquél que está firme en sus convicciones y que no vacila por ninguna de las cosas que dependen de nosotros; éste y únicamente él debe ser admirado como un verdadero atleta. No basta haber sostenido un combate victorioso, es preciso sostener un segundo; no basta resistir la tentación del oro si no se resiste la de la carne; no es suficiente sostenerse a plena luz y cuando las miradas están fijas en nosotros, es preciso hacerlo a solas y en las tinieblas de la noche; hay que resistir a la gloria como a la calumnia y a la miseria, a la lisonja y a la muerte. En una palabra: hay que salir siempre victorioso, hasta en sueños. Este y no otro es el atleta que yo busco.

38. Hércules, ¿hubiera sido Hércules sin los leones, los tigres, los jabalíes, los bandidos y demás monstruos de que libró a la tierra? Y de no existir estos monstruos, ¿de qué hubieran servido sus brazos musculosísimos, su fuerza inmensa, su valor siempre creciente, su paciencia a toda prueba y sus demás virtudes?

39. Si puedes, no jures; si no tienes otro remedio, hazlo, pero cuando las circunstancias lo exijan imperiosamente.

40. Cuando te veas obligado a sostener una conversación con un personaje elevado, imagínate lo que en parecida circunstancia hubiera hecho Sócrates o Zenón. De este modo no te sentirás perturbado ni cohibido para hacer lo que debas y para usar convenientemente de lo que se presente.

41. Cuando vayas a solicitar algo de un poderoso, procura convencerte de antemano de que no le encontrarás, de que no querrá recibirte y hasta de que te despachará con cajas destempladas sin querer ni mirarte a la cara. Si aun después de esto el deber te obliga a dar aquel paso, sufre pacientemente lo que te suceda y no digas luego que no valía la pena de haber ido, pues éstas son palabras propias del vulgo, sólo dignas de aquellos para quienes las cosas exteriores tienen valor sobrado.

42. En la conversación corriente guárdate mucho de hablar de ti y no te complazcas, si la ocasión no es oportunísima, en referir tus proezas y los peligros y vicisitudes que hayas corrido; porque tan grato como te es a ti contarlo le es a los demás ingrato el oírlo.

43. Y más cuidado aún pon en desempeñar el papel de gracioso; porque sobre ser tarea muy desairada, trátase de un camino tan resbaladizo, que insensiblemente conduce a la chocarrería y a la liviandad, lo que ocasiona que los demás pierdan el respeto y consideración que puedan sentir hacia quien tal hace.

44. Es asimismo muy peligroso dejarte arrastrar por las conversaciones obscenas; así que, cuando te veas obligado a oírlas, no desperdicies toda ocasión de manifestar tu disgusto a quien la haya fomentado. Si esto no puedes hacer, guarda al menos el más absoluto silencio, dejando comprender

por tu ceño y por la gravedad de tu expresión el desagrado profundo que tales conversaciones te producen.

45. Al ir a ver a un príncipe o a un magnate, palideces, tiemblas, te turbas. -¿Cómo me recibirá? ¿Cómo me escuchará?-te dices. -¡Insensato! Te recibirá y te escuchará como mejor le plazca. Pero si recibe mal a un hombre sensato, peor para el, que no has de ser tú quien pague por la falta cometida por otro. -Pero ¿cómo le hablaré? -Háblale como mejor te plazca, sin preocuparte de su grandeza. - ¿Y si me turbo en su presencia? -¿Y por qué te has de turbar? ¿No sabes hablar con discreción, prudencia y palabra libre y honrada? ¿Por qué has de temer a otro hombre? Zenón no temía a Antígono; en cambio, Antígono, con todo su poderío, le temía a él. Sócrates no se turbó un punto ante sus jueces, ni cuando habló antes con los tiranos. Tampoco se turbó Diógenes al hablar con Alejandro, ni con Filipo, ni con los corsarios, ni con el amo que le había comprado.

46. Ten siempre presente el valor de Laterano. Habiéndole enviado Nerón su liberto Epafrodito para que le interrogase acerca de la conspiración en la cual estaba comprometido, Laterano contestó sencillamente al liberto: -Cuando tenga algo que decir se lo diré a tu amo, no a ti. -Pues serás encarcelado. -¿Y crees que ello será capaz de entristecerme? -Irás al destierro. -¿Y quién me impedirá partir cantando, lleno de esperanza y contento de mi suerte? -Serás condenado a muerte. -En todo caso no moriré gimiendo ni lamentándome. -¡Ea!; dime tu secreto. -No lo diré. Como esto depende de mí exclusivamente, nada sabrás. -Pues mandaré que te carguen de cadenas. - ¿Qué dices? ¿Me amenazas con encadenarme? ¿A mí? ¡Qué ilusión! ¡Prueba, infeliz, a ver si lo consigues! ¡Te desafío! A mis piernas y a mis brazos tal vez consigas cargarlos de hierro; pero a mí, a mi voluntad..., ¡eso ni el mismo Júpiter podría! -Ahora mismo te haré degollar. -¿He dicho yo alguna vez que mi testa tuviese el privilegio de no poder ser cortada? Los hechos correspondieron a tan valerosas palabras. Conducido al suplicio y no habiendo sido el primer tajo bastante fuerte para decapitarlo, flaqueó un instante; pero repuesto al punto, tendió nuevamente la cerviz con la mayor firmeza.

47. Si te encontrases preso y en vísperas de ser juzgado por una acusación grave, ¿podrías soportar que un hombre viniera a decirte: «Quieres que te lea unos versos que he compuesto»? «Amigo mío, le contestarías, ¿por qué vienes a importunarme con semejante despropósito? ¿Crees que no tengo en qué pensar sino en esas futilidades? ¿Ignoras que voy a ser juzgado, mañana?» Pues bien: Sócrates, preso y en vísperas de ser condenado, ¡componía himnos!

48. Muchos eran los placeres de que disfrutabas en tu patria y que has perdido, pero te queda el de pensar que obedeces a los dioses y que actualmente cumples de verdad con los deberes del hombre sabio y bueno. ¿Y qué mejor cosa que poder decir lo siguiente?: En este momento los

filósofos predican grandes cosas en sus escuelas; ellos, explican los deberes de los hombres honrados, pero yo los practico. Yo no enseño con mi palabra, sino con mis propias virtudes. ¡Es mi propio panegírico el que, sin saberlo, están haciendo! Porque precisamente lo que ellos enseñan y enaltecen es lo que estoy llevando a cabo,

49. Los sicarios y satélites armados de espadas y lanzas son los que hacen formidables y temidos a los tiranos. No obstante, un niño se acerca a ellos y no experimenta temor alguno. ¿Por qué? Porque desconoce el peligro. Luego tú no tienes más que desconocerle para despreciarle.

50. Antes de emprender acción alguna, considera con la mayor atención qué es lo que la precede y qué es lo que debe seguirla; sólo después de este examen debes acometerla. Si no observas esta conducta sentirás placer por de pronto en todo lo que hagas sin tener en cuenta los resultados posteriores; mas al punto sobrevendrán éstos, y la vergüenza y la confusión se apoderarán de ti.

51. ¿Qué hace el viajero prudente cuando oye decir que los caminos por donde tiene que pasar están infestados de bandidos? Evita continuar solo su viaje y se agrega a la comitiva de algún embajador, cuestor o procónsul; y gracias a esta precaución llega sin contratiempo al término de su viaje. Pues bien: lo mismo hace el sabio en el camino tan peligroso de la vida. Hállase éste infestado de bandidaje, de tiranía, de ambiciones, de ruinas y calamidades. ¿Cómo no ha de sucumbir el que lo recorra si se abandona a sí mismo? ¿Se arrimará, pues, a un magistrado, a un cónsul o a un pretor? ¡Infeliz si tal hiciese, que éstos son los peores enemigos! Se une a compañeros seguros, fieles, incapaces de dejarse sorprender; y estos compañeros son los dioses. A ellos, pues, se junta; y caminando con ellos pasa felizmente a través de todos los escollos de esta vida.

52. Así como cuando caminas procuras no poner el pie encima de un clavo ni de dar un paso en falso, asimismo debes evitar dañarte la parte principal de ti mismo, que es la que te dirige. Si en cada acto de la vida observáramos esta conducta, con mayor seguridad andaríamos.

53. Conviene examinar a los hombres-sus palabras y sus acciones-, no para zaherirlos, sino para instruirse a sus expensas y tomarlos de ejemplo. Y observando sus faltas hay que decirse: ¿Cometeré yo las mismas? Si las cometo, ¿cuándo dejaré de cometerlas? ¿Cuándo me corregiré? Y cuando, avergonzados, nos hayamos enmendado, demos gracias por ello a los dioses.

54. No té envanezcas porque hayas llegado a acostumbrarte a llevar una existencia frugal y a tratar a tu cuerpo con rigor; si no bebes más que agua, no vayas pregonándolo por todas partes. Pues si quieres para tu propia satisfacción ejercitarte en la paciencia y en la tolerancia, cuando la sed te atormente llénate de agua la boca y luego escúpela sin que nadie lo sepa.

55. Antes de hacer algo, sea lo que fuere, medita y considera bien qué es lo que vas a ejecutar. Si, por ejemplo, vas a bañarte, piensa bien lo que en los

baños acontece; que uno remoja a otro, que a éste le insultan, que aquél empuja, que al otro le roban. De este modo serás más cauto y te dirás que mejor que bañarse es conservar nuestro verdadero tesoro: la independencia. Y lo propio deberás hacer en cada cosa que te suceda, para que en cada contratiempo puedas decirte: «Quería bañarme, sí; pero también, y antes de ello, conservar mi libertad y mi independencia, lo que sería difícil si se me molestase.»

56. No es necesario, ni mucho menos, asistir con frecuencia a los teatros y juegos públicos; pero, de asistir alguna vez, guardémonos de declararnos partidarios de alguno de los campos. Conservemos para nosotros mismos nuestro favor y nuestro entusiasmo; pero contentémonos con ser meros espectadores de lo que ocurra dejando, sin enojo; que la victoria favorezca al que la ha alcanzado. Éste es el único medio de no enfadarnos ni contrariarnos nunca. Tampoco debemos prorrumpir en exclamaciones, carcajadas, ni palmotear y gesticular; y una vez fuera del lugar no nos complazcamos en charlas sin tasa de lo que hemos visto, porque ni ello ha de modificar nuestro modo de ser ni hacernos mejor de lo que somos. Lo único que demostrarían estas interminables conversaciones es que una cosa tan nimia y fútil como es un espectáculo de circo había embargado por entero toda nuestra atención.

57. No asistas a las lecturas y declamaciones a que tan aficionadas son cierta clase de gentes; mas si, a pesar tuyo, te vieras obligado a asistir, conserva la gravedad y la moderación, y aun cierta dulzura que no deje traslucir ni malestar ni fastidio.

58. Son señales inequívocas de que un hombre adelanta en el camino de la sabiduría: el no censurar ni alabar a nadie; el no quejarse ni acusar a nadie; el no hablar de los demás; el no censurar ni culpar a otro de los obstáculos que se oponen a sus deseos; el burlarse en secreto de quienes le alaban y lisonjean; el no tratar de justificarse y ensalzarse si se ve reprendido; antes por el contrario, callar cual el convaleciente que teme con una imprudencia estropear el principio de su curación; el haber extirpado toda clase de deseos y el haber renunciado enteramente a cuantas cosas no dependen de nosotros; el cuidar de que todos sus impulsos sean moderados y sumisos; en no acongojarse al verse tratado de necio o ignorante; en una palabra: el estar siempre en guardia contra sí mismo, como contra quien de continuo le tiende lazos y es su más peligroso enemigo.

59. Si ves a alguien entrar en el baño muy de mañana, no digas que hace mal en meterse en el agua antes de tiempo; di simplemente esto: que se baña a destiempo, pero sin meterte a juzgar si hace bien o mal. ¿Que uno bebe mucho? No digas que hace mal en beber; sino que bebe mucho. Porque sin conocer la causa que le impulsa a obrar, ¿cómo te atreves a decir que obra mal? No juzgues, pues, de este modo; que puede ocurrir que veas una cosa y juzgues otra.

60. Si se ofrece ocasión de hablar delante de ignorantes de alguna cuestión de verdadera importancia, guárdate de hacerlo, porque es verdaderamente expuesto lanzar de buenas a primeras opinión sobre lo que no se ha meditado. Y si alguien te acusase de ignorante en vista de tu silencio, habrá un medio seguro de que sepas si empiezas a ser filósofo, y es que su reproche no te moleste ni incomode. Que las ovejas no van a enseñar a sus pastores lo que han comido, sino que, luego de haber digerido bien lo que han comido, les dan su leche y su lana. Del mismo modo tú no debes malgastar entre ignorantes bellas máximas; es mejor que, luego de bien digeridas, las manifiestes mediante actos convenientes.

61. ¿En qué consiste que los ignorantes son siempre más fuertes que vosotros en las disputas y acaban por reduciros a silencio? Pues, sencillamente, en que si bien profesan errores, están firmísimamente persuadidos de ellos, mientras que vosotros lo estáis débilmente de vuestras verdades. Como no os brotan del corazón, sino de los labios, son débiles y mortecinas. Por ello también esa deleznable y enclenque virtud que predicáis se expone de continuo a la pública chacota y se derrite, en cuanto la atacan, como la cera con los rayos del sol. Alejaos, pues, del sol mientras no tengáis sino opiniones de cera.

62. No necesita un citarista sino pulsar el laúd para saber que está desafinado, y fácil y prontamente lo afina. Pues bien: para vivir con seguridad entre los hombres, el sabio debe poseer el arte de hacer con ellos lo que el citarista hace con las cuerdas de su instrumento: ver cuáles están discordes y ponerlas a diapasón. Este fue el arte que Sócrates poseyó en grado insuperable.

63. Si quieres adelantar en el estudio de la sabiduría no temas en las cosas exteriores pasar por imbécil e insensato.

64. No intentes pasar por sabio, y si ciertas gentes te consideran como tal, desconfía de ti mismo. Porque has de saber que no es fácil conservar la voluntad propia de acuerdo con las cosas exteriores; necesariamente, de atender a éstas, descuidarás aquéllas.

65. Acabas de reñir a tus criados, de sembrar en tu casa el desorden, de perturbar y escandalizar a tus vecinos, y luego vienes, cual si fueses un hombre sensato, equilibrado y prudente, a oír cómo discurre un filósofo acerca de los deberes del hombre y de la naturaleza de las virtudes. Pues bien: todos estos nobles preceptos te son inútiles, porque como no vienes a escucharlos en la disposición necesaria, te marcharás como has venido.

66. «Compongo hermosos diálogos; escribo buenos libros.» ¡Ay, amigo mío! Preferiría que me demostrases que sabes dominar tus pasiones, moderar tus deseos y sujetar a la verdad todas tus opiniones. Pruébame que no temes ni la cárcel, ni el destierro, ni el dolor, ni la pobreza, ni la muerte. Sin esto creo que, a pesar de los más hermosos libros que pudieras escribir, eres un ignorante.

67. ¿Cuál es tu vida? Después de haber dormido bien, te levantas a la hora que te place, bostezas, te entretienes y te lavas la cara. Luego coges cualquier libro para matar el tiempo, o escribes alguna bagatela para hacerte admirar. En seguida sales a hacer alguna visita, a pasearte o a divertirte. De regreso a tu casa te bañas, cenas y te acuestas. Luego...; pero no, no revelaré el secreto de esas tinieblas, porque es sobrado fácil adivinarlo. Y a pesar de tu epicúrea conducta de libertino hablas tratando de imitar a Zenón y a Sócrates. Cambia, querido, o de costumbres o de lenguaje. Aquel que fraudulentamente usurpa el título de ciudadano romano es castigado severamente; el que usurpa el gran título de filósofo, ¿lo hace impunemente? No; porque contraría a las inmutables leyes de los dioses, según las cuales la pena debe ser proporcionada al delito.

68 Los hábitos contraídos no se corrigen sino con hábitos opuestos. De acostumbrarte a la voluptuosidad, tendrás que dominarla por medio del dolor. Si vives en la holganza, preciso te será entregarte al trabajo. Si eres colérico, habrás de sufrir pacientemente las injurias. Si te has dado a la bebida, tendrás que abstenerte y no beber sino agua. Y si otro tanto haces con cuantos hábitos viciosos tengas, pronto te darás cuenta de que no has trabajado en vano. Pero no te expongas imprudentemente a la recaída antes de estar muy seguro de ti mismo, porque en estas circunstancias el combate es todavía muy desigual y el enemigo que te venció tantas veces volverá a vencerte.

69. No es el trato cosa indiferente. Si frecuentas a un vicioso, a no ser que tengas absoluto dominio de ti mismo, más fácil es que te corrompa que no que tú le corrijas. Y pues hay tanto peligro en el comercio con los ignorantes, preciso es obrar en él con gran prudencia y sabiduría.

70. Ejercítate incesantemente contra las tentaciones y los deseos y observa tus impulsos considerando si son o no verdaderos caprichos y apetitos de enfermo. No filosofes sino para ti mismo, sin que los demás lo adviertan. Así es como se templan los caracteres: que la simiente permanece largo tiempo en la tierra, y hasta llegar a su madurez se desarrolla lentísimamente, pues si por casualidad da una espiga antes de que el tallo sea robusto, seguramente o aquélla será imperfecta o éste quebrado. Así, si el deseo de vanagloria te hace aparecer antes de tiempo, perecerás de frío o de calor. Y aunque parezcas vivo porque tu cabeza eche algunas flores, en realidad estarás muerto, pues tu raíz se habrá secado.

71. «¡Qué desgraciado soy! No tengo tiempo de estudiar ni de leer.» Amigo mío, ¿por qué estudias? ¿Es por mera curiosidad? En este caso eres, en efecto, muy desgraciado, porque el estudio sólo debe ser una preparación para bien vivir. Comienza, pues, desde hoy a vivir bien; cumple con tu deber en todas partes, y no olvides que lo que verdaderamente instruye no son los libros, sino las ocasiones.

72. Que ni las censuras ni las burlas de tus amigos te impidan mudar de vida. ¿Preferirías, quizá, seguir siendo un hombre vicioso para darles gusto a desagradarles volviéndote virtuoso?

73. No te desanimes por nada ni en ocasión alguna; imita, por el contrario, a los maestros de pugilato, que cuando ven a un novato rodar por el suelo le obligan a levantarse y volver a la lucha. Pues del mismo modo debes hacer con tu espíritu; nada hay más dócil que el espíritu humano: no hay más que querer, lo demás se hace solo. Pero si te acobardas, estás perdido, pues no volverás a levantarte en tu vida. Cuidado, pues, que tu pérdida o tu salvación están en tu mano.

74. Ni las victorias de los juegos olímpicos, ni las que se alcanzan en los campos de batalla, pueden dar al hombre la felicidad; las únicas que tal logran son las que se alcanzan sobre sí mismo. Las tentaciones y los contratiempos son los verdaderos combates. ¿Has sido vencido una vez, dos, tres?... Sigue combatiendo. Si al fin sales vencedor serás feliz para toda tu vida, cual si hubieses vencido siempre.

75. A cada tentación que te amenace di para ti mismo: «¡He aquí un gran combate! ¡He aquí una acción digna de un dios, pues ve en ella mi bienestar, mi libertad, mi felicidad y mi inocencia!» De este modo, y acordándote de los dioses y llamándoles en tu auxilio, no dejarán de venir a combatir contigo. ¿No invocas a Cástor y Pólux durante una tempestad? Pues bien: la tentación es para ti la más peligrosa de las tempestades.

76. Cuando te sientas atacado por una tentación no dejes para otro día el combatirla, porque llegará ese día y tampoco la combatirás. Y de tal modo, de día en día te sucederá que no sólo serás vencido siempre, sino que caerás en una insensibilidad tal que acabarás por no darte cuenta de que pecas y tocarás palpablemente la gran verdad que encierra este verso de Hesíodo: El hombre que aplaza de un día para otro sus resoluciones vive siempre agobiado de males.

77. Si tu imaginación te presenta la imagen de alguna voluptuosidad, refúgiate en ti mismo ante el temor de que te arrastre. Di a esa voluptuosidad que aguarde un poco y tómate un plazo para reflexionar. Entonces compara los dos tiempos; el del goce y el del arrepentimiento que ha de seguirle; considera los reproches que has de hacerte tú mismo, y opón la satisfacción que sentirás y los elogios que te tributarás si resistes. Y si te parece oportuna la ocasión de gozar el placer que se te ofrece, cuida que sus atractivos no te desarmen y seduzcan y oponles el placer aún mayor de poder decir que los has vencido.

78. Debes medir tus deberes según los lazos que te unen con las personas. ¿Se trata de tu padre? Pues debes cuidar de él, obedecerle en todo, sufrir hasta sus injurias y sus malos tratos. -Pero es que si tal hace es un mal padre. -¿Y qué? ¿Acaso tenía la Naturaleza la obligación de darte un buen padre? No; simplemente, un padre. ¿Que tu hermano es injusto contigo? No

importa; trátale como debe tratarse a un hermano y no mires lo que hace él, sino lo que tú debes hacer y en qué estado quedará tu libertad, si cumples con los deberes que tu naturaleza te exige; porque nadie podrá ofenderte si tú no quieres darte por ofendido, ni te sentirás herido más que cuando creas que te hieren. De esta manera estarás siempre satisfecho de tu vecino, de tu conciudadano y de tus superiores: acostumbrándote a tener presente ante tus ojos los lazos que con ellos te unen.

79. Es mucho mejor perdonar que vengarte. Perdonar es propio de una naturaleza buena y humana. Vengarse, sólo de una naturaleza feroz y brutal.

80, Al sol no hay que suplicarle para que dé a cada uno su parte de luz y de calor. Del mismo modo, haz todo el bien que de ti dependa sin esperar a que te lo pidan.

81. Acuérdate de lo que, en Hornero, Eumeo le dice a Ulises cuando éste le daba gracias por el buen acogimiento que recibía por su parte, pese a no haberle reconocido: «Extranjero, no me es permitido menospreciar ni maltratar al suplicante que llega a mi casa, aun cuando su estado fuese más vil y miserable que el tuyo; porque los extranjeros y los pobres nos los envían los dioses.» Lo mismo debes decir tú, no solamente a tu hermano y a tu padre, sino a tu prójimo, sea quien sea. Diles: «No me está permitido tratarte mal, ni lo haría aun cuando fueras mucho peor de lo que eres, ya que los dioses te traen a mí.»

82. Ante cada cosa que se te ofrezca procura concentrar toda tu atención e indagar qué virtud posees que te permita usar de aquélla debidamente. Si se trata de un joven gallardo o de una muchacha hermosa, la virtud que has de emplear es la continencia; si de algún pesar, el valor te servirá para remediarte; si afrentas e injurias, en la resignación y en la paciencia hallarás lo que necesitas. De este modo, habituándote a salir al paso de cualquier accidente de la vida con la virtud que la Naturaleza te ha dado para hacerle frente, siempre quedarás vencedor.

83. Porque has oído decir a los filósofos que hay que tener el valor de sostener las opiniones adoptadas, te empeñas en permanecer firme en tus juicios erróneos, en tus equivocaciones y en tus locuras. Mal camino, amigo; lo primero que hay que procurar es que las resoluciones que se adopten sean buenas, es decir, que sean conformes a la prudencia, a la verdad y al raciocinio. Porque si bien está que un hombre tenga nervios, preciso es también que estos nervios sean los de un cuerpo sano, de un cuerpo de atleta vigoroso y robusto. Y los que tú muestras no son sino nervios enfermos, de vesánico. Es decir, que, más que nervios, tienen debilidad nerviosa.

84. ¿Cuándo querrás, al fin, amigo, ser destetado y alimentarte de manjares sólidos? ¿Vas a estar siempre lloriqueando y echando de menos el pecho de tu nodriza y las canciones y sonatas que te adormecían de infante?

85. Podemos aprender la intención de la Naturaleza respecto a las cosas por medio de aquellas que no nos atañen; por ejemplo, cuando un criado del

vecino le rompe una copa, en seguida, al oírle lamentarse, le dices que es un accidente vulgar y sin importancia; pues bien: si el percance te ocurre a ti, acostúmbrate a mirarlo con la misma tranquilidad e indiferencia que si se tratase de tu vecino. Y no dejes de aplicar este método aun a las cosas de mayor importancia. Cuando fallece la mujer de otro, en seguida le decimos que no se desespere, ya que se trata de algo inevitable e inherente a la condición humana; en cambio, si se trata de la nuestra, sin escuchar razones ni consuelos, nos deshacemos en gemidos y en llanto. Pues bien: se trata precisamente de acordarnos en las desgracias propias del estado de conformidad con que miramos las ajenas, si queremos ser menos desgraciados.

86. No es fácil dejar de cometer faltas, pero sí lo es tratar por todos los medios de no cometerlas. Y no poca cosa es esta ininterrumpida atención que disminuye el número de nuestros errores impidiendo caer en muchos de ellos.

87. Cuando dices que te corregirás mañana es como si dijeras que quieres hoy ser deshonesto, libertino, cobarde, colérico, envidioso, injusto, interesado, pérfido, etc., etc. ¡Oh, cuántos males te permites! ¿Por qué no corregirte hoy mismo? Ánimo, y empieza a corregirte en este mismo instante. No lo dejes para mañana, que, si lo dejas, mañana volverás a aplazarlo.

88. La atención es necesaria en todo, hasta en los placeres; pues ¿cómo es posible que exista algo que descuidadamente pueda hacerse mejor?

89. Te pregunto qué progresos has hecho en el camino de la virtud y de la sabiduría, y como respuesta me muestras un libro de Crisipo que te precias de entender. Me haces el efecto de un atleta que al tratar yo de conocer su fuerza me enseñase sus guanteletes en lugar de sus brazos nervudos y su torso poderoso. Y del mismo modo que me gustaría saber qué había hecho el atleta en cuestión con sus guanteletes, quisiera saber qué has hecho tú con este libro. ¿Has aplicado sus preceptos? ¿Has hecho buen uso de tus deseos y de tus temores? En lo que hacemos es donde se ve si progresamos. ¿Es tu alma grande, libre, fiel, casta y tan firme que nada es capaz de turbarla? ¿Has conseguido librarla de temores, gemidos y lamentos importunos? ¿Has meditado sobre lo que es la cárcel, el destierro y la cicuta? ¿Estás seguro de poder decir en toda ocasión: «Adelante por este camino, que es por el que me llama la divinidad»?

90. Del mismo modo que esta proposición es de día; es de noche es razonable considerada separadamente en dos partes y disparatada cuando se juntan éstas formando un todo complejo; del mismo modo en los festines nada hay tan disparatado como quererlo todo para sí, sin consideración alguna para los demás. Cuando se te invite a un banquete, acuérdate de pensar menos en la calidad de los manjares que se te sirvan que en la calidad del que te invita, y guarda con él toda la consideración y respetos que le son debidos.

91. Cuando llegue a tu conocimiento una mala noticia, piensa que nada tiene que ver contigo, puesto que no respecta a cosa alguna de las que de ti exclusivamente dependen, de las que están en tu poder. -¡Pero es que se me ha acusado de impiedad! -¿Y qué? ¿No se acusó también a Sócrates? -Pero podrán condenarme. -Sócrates también fue condenado. ¿Qué te importa, pues? Acostúmbrate a considerar que la pena no está más que donde está la culpa. Que es imposible que ambas cosas anden separadas. No te consideres, pues, desdichado. ¿Quién fue más desdichado, en tu opinión: Sócrates o quienes le condenaron? El peligro no lo es, por tanto, para ti, sino para los jueces; porque tú no puedes, en modo alguno, morir culpable; en cambio, ellos pueden hacer morir a un inocente.

92. Porque tienes que abandonar un lugar en que tan a gusto te encuentras, te indignas y lloras y te lamentas. Es decir, que te haces más infeliz que los cuervos y las cornejas, que dejan, sin tanto pesar, los lugares en que vivieron a su placer. -Pero ellos son animales irracionales. -¡Ah! ¿Es que crees entonces que los dioses te dotaron a ti de raciocinio tan sólo para hacerte desgraciado? ¿O es que piensas que los hombres no son sino a modo de árboles que enraízan en un sitio para no cambiar jamás de asiento? -Pero yo dejo amigos tras de mí. -¿Es que crees que no encontrarás otros allí donde vayas? ¡Pero si el mundo está lleno de hombres ligados a ti por la naturaleza! Ulises, que tanto viajó, ¿no encontró amigos en muchas partes? ¿Y no los encontró Hércules, que recorrió el mundo entero?

93. No pruebes los placeres del amor, si te es posible, antes del matrimonio; y si los pruebas, que sea al menos según la ley. Pero no seas severo con los que usan de ellos, no les reprendas con acrimonia, ni te alabes de tu continencia.

94. Cuando tu imaginación quiera esclavizarte con alguna idea de lujuria, no te dejes arrastrar por ella. Dile al punto: «Aguarda, imaginación; aguarda un poco para que pueda examinar esto que me presentas.» Y no la permitas pasar adelante ni la des tiempo para que vaya formando sus imágenes seductoras; porque si la dejas estás perdido, te arrastrará. De modo que en vez de estas seductoras y temibles visiones, oblígala a que te ofrezca otras imágenes más felices, más bellas y más nobles. Éste es el único medio de escapar a sus garras.

95. ¿Quieres embellecer tu ciudad natal con una dádiva rara y verdaderamente estimable? Date a ella tú mismo después de haberte convertido en un modelo perfecto de bondad, de generosidad y de justicia.

96. ¡Ánimo, pues! Considera todas las facultades de que estás provisto y prepárate confiado a resistir toda clase de pruebas; bien armado estás y en disposición de sacar nuevas ventajas y utilidades aun de los accidentes más terribles.

De la libertad y de las esclavitudes

1. El ser libres o esclavos no depende de la ley ni del nacimiento, sino de nosotros mismos; porque todas las cadenas y todo el peso de ciertas prescripciones legales serán siempre mucho más leves que el dominio brutal de las pasiones no sometidas, de los apetitos insanos no satisfechos, de las codicias, de las avaricias, de las envidias y demás desenfrenos. Que aquéllas, cuando más, sólo podrán pasar sobre el cuerpo, y éstas, además, sobre el espíritu. Por malo que sea el amo a que aquéllas nos sometan, siempre tendremos momentos de respiro y esperanzas de manumisión; éstas nos someten a tantos y tan crueles, que generalmente sólo la muerte puede librarnos de su yugo.

2. El que se somete a los hombres se somete previamente a las cosas.

3. Aleja tus deseos y tus temores y no existirá para ti tirano alguno. Si tienes amor a tu cuerpo y a tus bienes, estás perdido; ya eres esclavo. Ello es tu verdadera cadena, tu punto vulnerable.

4. Los dioses me han concedido la libertad, y como conozco y acato sus mandatos, nadie puede hacerme esclavo, porque tengo el libertador y los jueces que necesito.

5. Ya que el hombre libre es aquel a quien todo le sucede como él lo desea -me dijo un loco-, yo quiero que todo me suceda como yo quiero. -Pero, ¡insensato!, ¿no sabes que la locura y la libertad jamás anduvieron juntas? La libertad no es tan sólo muy bella, sino que además es muy razonable, y nada hay más absurdo ni más insensato que desear temerariamente y querer que las cosas sucedan a medida de nuestros deseos. Si tengo que escribir el nombre de Dios preciso me será escribirlo tal como es, letra por letra, y no como a mí se me antoje; y lo mismo me sucederá con todas las artes y todas las ciencias. ¿Cómo pretendes, pues, que la más grande y más importante de todas las cosas -a la libertad me refiero- sea regida por el capricho y la fantasía? Desengáñate, amigo mío, la verdadera libertad consiste en querer que las cosas sucedan, no como se te antoja, sino como suceden.

6. ¿Crees que serías dichoso si vieras colmados tus deseos? ¡Qué equivocación, amigo! Apenas te vieras en posesión de lo que tan ardientemente deseas, serías víctima, no solamente de las mismas, sino de nuevas zozobras, pesares, disgustos, temores y deseos. No consiste la felicidad en adquirir y gozar, sino en no desear. En esto es en lo que verdaderamente consiste ser libre.

7. ¿Habrá alguno que quiera vivir sumido en el crimen, en la injusticia, en el engaño, en el terror, en la angustia y siempre celoso, envidioso, burlado en sus deseos y entregado incesantemente a toda suerte de temores? No, no lo hay; no hay malvado que lo sea por querer serlo, y por consiguiente, no hay malvado que sea libre.

8. Así como la menor distracción del piloto puede ocasionar la pérdida del buque, del mismo modo el menor descuido nuestro, la más ligera falta de atención puede ocasionarnos la pérdida de todos los progresos hechos en el estudio de la sabiduría. Vivamos, pues, siempre prevenidos. Lo que está confiado a nuestro cuidado es más precioso que una nave cargada de oro: es nada menos que el pudor, la fidelidad, la constancia, la sumisión a las órdenes divinas, la exención de dolores, turbaciones y miedos; en una palabra, es la verdadera libertad.

9. Por una falsa libertad se exponen los hombres a los mayores peligros: se arrojan al mar, se precipitan de lo alto de las torres más altas; ciudades enteras sucumben incendiadas por sí mismas... Y tú, por una libertad, ¿no quieres tomarte el menor cuidado ni hacer el menor sacrificio?

10. Recuerda que el deseo de honores, dignidades y riquezas no es el único que nos esclaviza; el deseo de reposo, de solaz, de los viajes, en una palabra, todas las cosas exteriores nos someten y esclavizan desde el momento en que las codiciamos. Pero como el único y verdadero dueño de todos nosotros es aquel que tiene el poder de darnos o de quitarnos lo que queremos y lo que no queremos, todo hombre que quiera ser libre, deje de anhelar o de rehuir lo que no depende de él, pues, de lo contrario, forzosamente será esclavo.

11. No temas nada y nada será para ti terrible ni formidable, como no lo es un caballo para otro caballo o una abeja para otra abeja. ¿No comprendes que temores y deseos son los sicarios que tus amos mantienen en tu corazón, como en una ciudadela, para sujetarte? Echa fuera esa guarnición, entra en posesión de esa fortaleza, que es tuya, y serás libre.

12. Hay esclavos grandes y los hay pequeños. Los pequeños son los que se dejan esclavizar por cosas nimias, como banquetes, hospedajes y dádivas. Los grandes son los que se dejan esclavizar por un consulado o un gobierno de provincia. Todos los días ves esclavos ante los cuales andan lictores llevando haces, y éstos son más esclavos que los otros.

13. Para juzgar si un hombre es libre no te pares a mirar sus dignidades, porque, al contrario, más esclavo es cuanto más elevado cargo desempeña. – Pero -dirás- veo a muchos que hacen lo que les place. -Aunque así sea, debo advertirte que éstos no son sino esclavos que gozan durante más o menos días del privilegio de unas saturnales de las cuales se halla ausente su dueño. Espera a que haya terminado la fiesta o que el dueño regrese, y hablaremos. - Pero qué dueño es ése? -Cualquiera capaz de quitarles, como les dio, lo que deseaban.

14. ¿Quieres dejar de pertenecer al número de los esclavos? Rompe tus cadenas y desecha de ti todo temor y todo despecho. Arístides, Epaminondas y Licurgo fueron llamados el justo, el libertador y el dios, respectivamente, no porque poseyeran muchas riquezas y muchos esclavos, sino porque, aun siendo pobres, dieron la libertad a Grecia.

15. ¡Y qué!, mísero -filósofo-me dijo un gran señor que se preciaba de libre y de independiente-, ¿te atreves a llamarme esclavo a mí; cuyos antepasados fueron libres; a mí, que soy senador, que he sido cónsul y a quien el príncipe tiene por favorito? -Pruébame, ilustre senador, que tus antepasados no fueron esclavos como tú, esto ante todo. Pero sea; supongamos que te aventajaron en esto; en todo caso, ellos fueron generosos; tú eres miserable, interesado y timorato; ellos vivieron con cordura y templanza, al paso que tú vives en una orgía sin fin. -¿Y qué tiene que ver esto con la libertad? -Mucho; ¿o es que tú llamas ser libre a hacer lo que no se quiere? -Es que yo hago lo que quiero y nadie puede obligarme a otra cosa, a no ser el emperador, que es dueño de todo. -Tus mismos labios, ilustre cónsul, nos acaban de confesar que tienes un dueño que puede obligarte. Y aunque añades que es dueño de todo y de todos, ello no te hace a ti más libre; no prueba sino que eres un esclavo más en una mansión donde hay muchos millones de esclavos.

16. Gracias a Felición has obtenido el Consulado y el Gobierno de una provincia. Yo, en cambio, ni vivir quisiera si para ello necesitase la gracia de Felición y tuviera que soportar su orgullo y su insolencia de esclavo; porque yo sé que no es más que esto: un esclavo cegado por la fortuna y que se cree dichoso. -¿Pero tan libre eres tú? -Yo trabajo para serlo, aunque no lo he conseguido todavía. Aún no puedo mirar a mis amos con ojos serenos; aún estoy ligado a mi cuerpo, y, aunque lisiado, deseo conservarle, confieso mi flaqueza. Pero si quieres que te hable de un hombre completamente libre, lo puedo hacer; me bastará nombrarte a Diógenes. -¿Y por qué era libre Diógenes? -Porque había roto todas las trabas de la esclavitud; porque se había desentendido de todo, aislado por sus cuatro costados y nada le sujetaba. ¿Le pedían sus bienes? Los daba. ¿Su pie? Lo daba. ¿Su cuerpo entero? Lo daba igualmente. En cambio, estaba fuertemente ligado con los dioses, y a nadie cedía en obediencia, respeto y sumisión hacia sus soberanos. He aquí de dónde venía su libertad. -Bueno; pero me citas como ejemplo un hombre que vivía solo y a quien ningún vínculo ligaba con el mundo. -¿Quieres el ejemplo de otro que no vivía solo? Ahí tienes a Sócrates, que tenía esposa e hijos y no era menos libre que Diógenes, porque, como Diógenes, lo había sometido todo a la ley divina y a la obediencia que a esta ley es debida.

17. Acabas de libertar a tu esclavo: hermosa acción; pero a ti, ¿quién te libertará? ¿Que eres libre, dices? ¿Pues no eres esclavo de tu dinero, de tu mujer, de tu hijo, de un tirano y hasta del último de los siervos de este tirano?

18. Casi todos estamos en este mundo como los esclavos fugitivos en los espectáculos públicos. Estos infelices no llegan a disfrutar enteramente de la pompa de los juegos y a admirar a sus anchas a los actores de la tragedia, porque la inquietud les desasosiega continuamente y, recelosos, mirando sin descanso por uno y otro lado, acaban por escapar despavoridos si la

casualidad hace que suene en sus oídos el nombre de su amo. Pues bien: otro tanto hacemos nosotros. Cuando más arrobados estamos mirando lo que nos rodea, el nombre de nuestro amo nos vuelve a la realidad y nos aterra. ¿Quién es este amo que tanto tememos? No un hombre, ciertamente, porque un hombre no puede ser amo de otro; es la muerte, la vida, el placer, el dolor, la miseria, la riqueza... Que venga César contra mí, solo, sin séquito, y le aguardaré impávido a pie firme; pero si viene con sus satélites, si llega imponente, deslumbrador, terrible y me sobrecoge el miedo ante su asombrosa presencia, entonces no queda de mí sino un esclavo fugitivo que se ha topado con su amo. En cambio, si no me inspira temor alguno, libre soy y sin más dueño que yo mismo.

19. Diógenes decía-y decía muy bien-que el único medio de conservar la libertad es estar siempre dispuesto a morir sin pesar.

20. Diógenes escribía también en cierta ocasión al rey de los persas: «Tan ajeno a tu poder es reducir a la esclavitud a los atenienses como a los peces del mar. Más tiempo vivirá un pez fuera del agua que un ateniense en la esclavitud.»

21. Soy dueño de todo, todo lo puedo-me dijo un tirano. -¿Lo crees de veras? ¿Y qué es lo que puedes? ¿Puedes, acaso, darte buen juicio? ¿Puedes quitarme a mí mi libre albedrío? ¿Qué puedes, pues? Dilo; cuando te hallas dentro de un barco, ¿no estás a merced del piloto? Cuando vas en un carro, ¿no dependes del auriga? -Pero todos ellos me rinden homenaje. -¿Te lo hacen acaso por tu personalidad como hombre? Cítame un solo caso de que te hayan estimado por tal, de que hayan querido imitarte, de que fuese su gusto ser discípulos tuyos, como muchos lo deseaban ser de Sócrates. -En todo caso, su vida, como la tuya, está en mis manos. -Ahora dices bien; pero ello no hace sino convencerme de que es preciso rendirte homenaje como a las divinidades nocivas y ofrecerte sacrificios como a la fiebre, que también tiene altar en Roma. Y en verdad que aún más lo mereces tú, pues eres infinitamente más malvado y nocivo que ella. Pero a mí no me amedrenta ni tu pompa ni tu poderío como amedrenta y turba al populacho. Sólo yo mismo soy capaz, si abandono la virtud, de causarme espanto. De modo que por mucho que me amenaces no conseguirás turbar ni perturbar mi libertad. -¡Cómo! ¿Tú libre? -Sí, me ha libertado la Divinidad y no pienses ni remotamente que ella consintiese que uno de sus hijos pudiera estar bajo tu yugo. Hagas lo que hagas conmigo, lo más que llegarás será a ser dueño de un cadáver; pero sobre mí, sobre mí no tienes ni tendrás nunca poderío.

22. No enseñan los filósofos al decir que el hombre es libre a que desprecien la autoridad del emperador. Ningún filósofo ha enseñado jamás a rebelarse contra su soberano, ni a negar a su poder cuanto le es debido. En lo que a mí atañe, mi cuerpo, mis bienes, mi reputación y mi familia en sus manos están, y si alguna vez enseño a los demás a retener estas cosas contra su voluntad, que se me condene a muerte. Pero no, no es esto lo que yo

predico a quienes quieren escucharme: yo lo único que les enseño es la conservación de su pensamiento, que éste sí, éste es libre, enteramente libre, porque a la Divinidad le plugo hacerles dueños exclusivos de él.

23. La esclavitud del cuerpo es obra de la fortuna; la del alma lo es del vicio. El que conserva la libertad del cuerpo, pero tiene el alma esclava, esclavo es; pero el que conserva el alma libre, goza de absoluta libertad, aunque esté cargado de cadenas. A la esclavitud del cuerpo tan sólo una cosa pone término: la muerte; a la del alma, en todo momento, la virtud.

Del libre albedrío

1. ¿De quién es esta medalla? ¿De Trajano? La acepto y la conservo. ¿De Nerón? La rechazo y la maldigo. Haz lo propio con los hombres, según sean buenos o malos. ¿Qué es éste? Es un hombre amable, sociable, bienhechor, paciente y amigo de sus semejantes. Pues le acepto y hago de él mi conciudadano, mi vecino, mi amigo, mi compañero, mi huésped. Y este otro, ¿qué es? Este tiene algo de Nerón; es colérico, malvado, implacable, no perdona jamás. Entonces le rechazo. ¿Por qué me has dicho que era un hombre? Un hombre colérico, vengativo y violento no es tal hombre; como una manzana de cera no es tal manzana; tiene de ella la forma y el color, pero nada más.

De la religión y de los dioses

1. Los dioses han creado a los hombres para que sean felices; luego, si son desgraciados, es por su propia culpa.

2. Siempre prefiero lo que sucede, porque estoy persuadido de que lo que los dioses quieren es mejor para mí que lo que yo quisiera. A ellos, pues, mis movimientos, mis voluntades, mis temores. En una palabra: quiero lo que ellos quieren.

3. Un ciudadano, al recibir el nombramiento de tribuno del pueblo, regresa a su casa, que arde en fiestas y donde todo el mundo acude a felicitarle. Acto seguido se dirige al Capitolio y hace sacrificios a los dioses en acción de gracias. Y ahora yo pregunto: ¿quién de nosotros les sacrifica en acción de gracias cuando nos dispensan opiniones sanas y deseos prudentes y moderados?

4. ¡Cómo! ¿No lisonjeas a Flavio, sabiendo que su poder y riqueza son tan grandes? -Allá él, su poder y sus riquezas; yo no he nacido para adularle. ¿O es que crees que por ventura no tengo a quién lisonjear, a quién agradar y a quién servir? De los dioses hablo, que es en quienes reside el verdadero poder.

5. Comienza todas tus acciones con esta plegaria: «Condúceme, ¡oh poderosísimo Júpiter y tú, invariable Destino!, hacia aquello que me tenéis destinado. Conducidme, que prometo seguiros derechamente y de todo corazón. Además, ¿de qué me serviría tratar de oponerme a vuestros designios? ¿No me vería obligado, a la postre, a obedeceros a pesar mío?»

6. Lo primero que es preciso aprender es que hay un Dios que con su providencia lo gobierna todo, al cual no se le oculta ninguno de nuestros actos, como ninguno de nuestros pensamientos e inclinaciones. Luego hay que examinar cuál es su naturaleza. Conocida ésta, es indispensable que los que quieran agradarle y obedecerle se esfuercen en parecérsele, y, por tanto, que sean libres, fieles, benéficos, misericordiosos y magnánimos. Por consiguiente, que todos tus pensamientos, todas tus palabras y todos tus actos sean los actos, pensamientos y palabras de un hombre que quiere imitar a Dios y parecérsele.

7. Cuando de noche te halles en tu habitación a oscuras y cerrada la puerta, no creas por ello estar solo; no te figures jamás, estés donde estés y por completa que sea la soledad que te rodea, que en verdad estás solo, porque no lo estás.

8. ¿Cuál es la naturaleza de la divinidad? La ciencia, la diligencia, el orden y la razón. Por ello puedes colegir cuál es también la naturaleza de tu verdadero bien, bien que se halla comprendido en ella y sólo en ella.

9. Sabes que el fundamento de la religión consiste en creer en los dioses, en tener de ellos opiniones rectas y claras, en no dudar que extienden su

providencia sobre cuanto existe, que gobiernan el universo con probidad y justicia, que estamos en el mundo para obedecerlos y amarlos, para tener por bueno todo cuanto suceda, por emanado de ellos y para aceptarlo con buena voluntad y de todo corazón por tratarse de designios de una providencia tan buena como alta. Pensando de esta manera, nunca te quejarás de los dioses ni les acusarás de descuido hacia ti. Pero tales sentimientos no puedes alcanzarlos sino renunciando a cuanto de ti dependa; porque si juzgas ser un bien o un mal cualquier cosa extraña que te suceda, es natural y forzoso que, cuando no se cumpla lo que has deseado o se realice lo que has temido, te lamentes, te enfurezcas y abomines de los causantes de tu desgracia; pues todo animal ha nacido para abominar y huir de lo que le parece maléfico y nocivo, y para amar y buscar lo que le parece útil y bueno. Es, pues, imposible que aquel que se cree herido ame al que cree que le hiere; de donde se sigue que nadie se alegra ni se complace con su mal. Esta es la causa de que los hijos se desaten en injurias contra su padre cuando éste no les deja intervenir en el manejo de sus bienes; he aquí lo que convirtió en enemigos irreconciliables a Teocles y Polinice, que juzgaban el trono un bien; he aquí por qué el labrador, el piloto y el comerciante maldicen de los dioses; y he aquí, en fin, la causa de las murmuraciones de los que pierden a sus esposas o a sus hijos. Así, pues, el hombre que cuida de conformar sus deseos y sus aversiones a las reglas antedichas, alimenta y fortalece su piedad. Observe cada cual en todos sus actos para con los dioses: ofrendas, sacrificios y libaciones, las costumbres establecidas en un país sin indiferencia, irreverencia ni mezquindad; pero también sin suntuosidad exagerada y superior a sus medios.

10. Agradece a los dioses los bienes que de ellos has recibido y no olvides los beneficios con que te han colmado. Tribútales, pues, continuas gracias por la vista y por el oído que te han dado; pero, ¡qué digo!, por la vida misma y por los medios con que te han dotado para socorrerla y conservarla por medio de los diferentes alimentos que pródigamente, por su gracia también, procura la tierra. Pero que esto no te impida acordarte de que aún te han dado algo más precioso todavía, que es la facultad de servirte de todas estas cosas, de analizarlas y de estimar cada una de ellas en lo que vale.

11. Un insolente preguntó cierto día a Diógenes:

-¿Eres tú ese Diógenes que cree que no hay dioses? -Yo soy ese Diógenes-le contestó el filósofo-; y creo tan firmemente en los dioses, como seguro estoy de que te aborrecen.

12. Cuando asesinaron a Galba, alguien dijo a Rufo:

-Ahora veo que la Providencia se cuida de las cosas de este mundo. - ¡Miserable!-le contestó Rufo-. ¿Crees, acaso, que un Galba podía impedir a los dioses extender su voluntad por la tierra? Precisamente lo que te hacía dudar de la Providencia te la revelaba.

13. Cuando te acerques a los príncipes y a los grandes, no olvides que hay un príncipe mucho más grande que te ve, te oye y a quien, ante todo, debes agradar y reverenciar.

14. ¿Quieres ser grato a los dioses? Pues acuérdate de que lo que más aborrecen es la impureza y la injusticia.

15. Bastaría que te adoptase un príncipe para que reventases de orgullo; en cambio, ¡desdichado!, olvidas a la Divinidad, a quien tanto debes.

16. Apolo sabía sobradamente que Layo desobedecía a su oráculo; no obstante, no dejó de predecirle las desgracias que le amenazaban, porque la bondad de los dioses para con los mortales es tan grande y continua, que jamás cesan de advertirles. ¡Falta hace que los hombres sean torpemente incrédulos, desobedientes y rebeldes para despreciar el manantial inagotable de las divinas bondades!

17. Es curioso y extraño que mientras la protección de un príncipe o de un simple magnate nos basta para vivir tranquilos, no nos baste, en cambio, la protección de los dioses, nuestros verdaderos curadores y padres, para alejar nuestras penas, inquietudes y temores.

18. Todo cuanto acaece en el mundo hace el elogio de la Providencia. Dame un hombre inteligente o agradecido y verá su mano en todo.

19. ¿De qué hubiese servido que la Divinidad hubiera hecho los colores, de no haber hecho también ojos para distinguirlos? ¿Y de qué los ojos y colores si no hubiese creado la luz? ¿Quién ha hecho, pues, estas tres cosas que tan divinamente se completan? ¿Quién es el autor de esta maravillosa alianza? La Divinidad; luego hay una Providencia.

20. El hombre, en esta vida, debe ser el espectador de su esencia y de las obras de la Divinidad, su intérprete y su panegirista. Pero tú, ¡desgraciado!, empiezas y acabas por donde empiezan y acaban las bestias, pues vives sin sentir. ¿Por qué no acabas por donde la Divinidad ha acabado en ti? ¿No acabó dándote un alma inteligente y capaz de conocerla? Sírvete, pues, de este alma y no pretendas salirte de tan admirable espectáculo, sin haber hecho más que entreverlo: mira, conoce, alaba y bendice.

21. Como estás dispuesto a emprender un largo viaje para ir a Olimpia a ver los juegos y de paso contemplar la magnífica estatua de Fidias, considerarías una gran desgracia morir sin haber alcanzado a gozar de tales maravillas. Pero ¿y esas otras obras, muy superiores a las de Fidias, esas obras que no necesitáis ir a buscar tan lejos, que no cuestan fatigas ni desazones y que puedes admirar en todas partes? Estas obras, ¿no sentirás jamás deseos de estudiarlas detenidamente? ¿No se te ocurrirá nunca pensar en quién eres y por qué has nacido? ¿Morirás sin haber prestado atención al admirable espectáculo de este universo que la Divinidad ha desplegado ante tus ojos para inducirte a conocerla?

22. La Divinidad te ha dotado de armas para hacer frente aun a los acontecimientos más espantables. Tales armas son, entre otras, la grandeza de

alma, la fuerza, la paciencia y la constancia. Sírvete, pues, de ellas, y si no lo haces, confiesa, en vez de lamentarte, que has arrojado las armas con que te había hecho fuerte.

23. Si hay una Providencia-decía un epicúreo-, ¿por qué sin cesar me está manando la nariz este humor que me tiene desolado? -¡Miserable esclavo! ¿Y no tienes manos para remediarte?-Pero ¿no sería preferible que no tuviese necesidad de emplear en este menester mis manos? -¿Y no es preferible el sencillo trabajo de sonarte a acusar a la Providencia?

24. La Divinidad nos llama a comparecer como testigos, y nos pregunta: ¿No es cierto que el bien y el mal existen sólo en nuestra voluntad? ¿No es cierto que yo no he perjudicado a ninguno de vosotros? ¿Que a cada uno le di aquello que podía serle útil? -A esto, ¿qué contestas tú? Pues contestas diciendo que te abruman calamidades insoportables; que nadie se interesa por ti; que nadie te asiste; que todos te calumnian; que todos te condenan, y que eres el ludibrio de los hombres. ¡Miserable! ¿Es con este pesimismo injustificado como agradeces el honor que la Divinidad te ha dispensado, llamándote a comparecer como testigo para glorificarla, afirmando aquellas grandes verdades? Cuando ella pedía un testimonio de su mucha bondad, de su veracidad y de su justicia, tú, insensato, te conviertes en su acusador.

25. Entre los gladiadores de César vemos todos los días algunos que se desazonan por no poder presentarse al combate y hacen votos a los dioses para que les saquen del marasmo en que se consumen, pidiéndoles como señalada merced que les lleven al circo para poder lucir sus fuerzas y habilidades. Pues bien: mientras esto ocurre de continuo, yo no conozco a uno sólo, gladiador o no, que haya implorado la ocasión de poder demostrar su amor a los dioses.

26. Mi deber, mientras disfrute de vida, es dar a los dioses gracias por todo, alabarles por todo, así en público como privadamente, y no cesar de bendecirles hasta cesar de vivir.

27. ¿Puede alguien impedirte que acates la verdad, una vez conocida, y obligarte, por el contrario, a que apruebes lo falso? ¿No? Dueño eres entonces de un libre albedrío que nadie puede quitarte. Porque si tu libertad pudiera ser amenazada por otro, sería señal de que la Divinidad no tenía, como tiene contigo, el cuidado que un buen padre debe tener con su hijo, lo que no es posible.

28. Somos tan ingratos que, lejos de dar gracias a la Providencia por las maravillas que ha obrado en nuestro favor, la acusamos y aun nos quejamos de ella. Y, no obstante, por poco que nuestro corazón fuese sensible y agradecido, un solo detalle de la naturaleza, aun el menor de todos, nos bastaría para revelarnos la Providencia y el cuidado que de nosotros tiene.

29. Si tuviésemos buen sentido, no haríamos en nuestra vida, tanto pública como privada, sino dar gracias a la Providencia por todos los bienes que de ella hemos recibido y de los cuales gozamos durante todos los

momentos de nuestra existencia. Sí; de no ser tan ingratos, cavando o arando, comiendo o paseando, al levantarnos y al acostarnos, en todos y cada uno de nuestros actos, exclamaríamos: ¡Cuán grande es la Providencia! Pero con tal constancia y frecuencia, que el mundo retumbaría al son de estas verísimas palabras. Mas como sois ingratos y ciegos, fuerza es que lo reclame yo por vosotros y que viejo, cojo, pobre y débil ya como soy, sea yo el que repita sin cesar: ¡Cuán grande es la Providencia!

30. Si fuera ruiseñor o cisne haría como hacen cisnes y ruiseñores. Mas como soy hombre, y, por tanto, dotado de razón, ¿qué debo hacer para comportarme como tal? Alabar a la Divinidad. Sí; esto he de hacer mientras viva, e invitaré a los demás hombres a que hagan como yo.

31. Los soldados que se alistan en los ejércitos del César están obligados a prestar determinado juramento. ¿Qué dice este juramento? Que para ellos es el César antes que toda otra cosa; que le obedecerán en todo y que incluso están dispuestos a morir por él. Pues bien: piensa ahora en ti, y después que desde que naciste estás ligado a la Divinidad, no sólo por haber nacido en sus filas, sino por los muchos beneficios que la debes, ¿no prestarás idéntico juramento? Y, una vez prestado, ¿serás capaz de quebrantarlo? Porque, ¿te has dado cuenta de la diferencia que hay entre ambos juramentos? El soldado jura que preferirá el bien del emperador a toda otra cosa en el mundo; pero tú lo que juras es preferir a todo tu propio y mayor bienestar.

32. ¿Cómo podrás persuadirme-preguntó uno a Epicteto-de que todas mis acciones las ve la Divinidad, sin que se le escape tan siquiera una? -¿Te parece-le preguntó a su vez el filósofo-que todas las cosas del mundo están encadenadas unas a otras o no? -Sí creo que unas dependen de otras. -¿Crees, además, que las cosas terrenales están regidas por las celestiales o no? -Sí, tal creo, -Evidentemente. Tú y todos vemos que las cosas de la naturaleza se suceden en un tiempo marcado de antemano, así como las estaciones llegan a su debido tiempo. Asimismo, según el sol se aproxime o se aleje y según mengüe o crezca la luna cambia la faz de la naturaleza. Y si todas las cosas de este mundo y hasta nuestros mismos cuerpos están unidos al gran todo, ¿cómo puedes imaginar que nuestra alma, de esencia infinitamente más próxima a la divinidad que el resto del universo, vaya a estar sola y separada del ser que la ha creado? -Bien; pero lo que no comprendo es cómo puede la Divinidad ver a un mismo tiempo tantas cosas distintas entre sí y tan dispares y alejadas unas de otras. -¡Infeliz! Pero ¿tu espíritu mismo, pese a los cortos límites a que puede alcanzar, no abarca una diversidad de cosas? ¿No llega a lo humano y a lo divino? ¿No raciocina, separa, abarca, consiente y niega? El sol mismo, ¿no ilumina a un tiempo la casi totalidad del mundo y nada sino lo que él mismo envuelve naturalmente en sombras escapa a sus rayos? Y si esto puede el sol, ¿qué no podrá quien le ha hecho como es, en un punto, en suma, en medio del vastísimo universo? ¿Cómo no habrá de llenar e iluminar con sus luces la tierra entera? -Pero es que todas esas operaciones que, en

efecto, mi espíritu es capaz de ejecutar, preciso me es ejecutarlas sucesivamente, pues ni aun los objetos puedo considerarlos si no es uno tras otro. -¿Pero te he dicho yo acaso que tu espíritu sea tan vasto como el de la Divinidad? Mas, a pesar de ello, si nuestros ojos, ¡pobres gusanillos que somos!, siendo tan pequeños e insignificantes, son capaces de abarcar cuantos objetos encierra el horizonte, ¿cómo temes que puede escapar algo a los ojos de aquel que ha hecho estos ojos nuestros? Reflexiona, reflexiona sobre esto y saca tú mismo la consecuencia.

33. Los dioses me han concedido escasos bienes; no han querido que nadara en la abundancia ni que viviera entre delicias. ¿Pero es que tengo derecho a quejarme sabiendo cómo trataron a Hércules, que era hijo suyo y tan excelentísimo en todo?

34. Jamás se afligió Hércules ante la idea de poder dejar huérfanos a sus hijos. Y no se afligió porque muy bien sabía que no hay, en realidad, huérfanos en el mundo, ya que todas las criaturas tienen un padre que cuida de ellas y no las abandona jamás.

35. Consultamos temblando a los augures y en nuestro miedo insensato dirigimos a los dioses ardentísimas plegarias como ésta: «¡Dioses, apiadaos de mí y permitid que salga con bien de este empresa!» Vil esclavo, ¿cómo pretendes de ellos algo que no sea lo mejor para ti? ¿Y qué puede ser lo mejor para ti sino lo que ellos te deparen? ¿Por qué, pues, tratas de sobornar por cuantos medios están a tu alcance, a tu juez y árbitro?

36. ¿Habrá algo más inútil que ir a consultar a augures y adivinos sobre las cosas que ya nos están señaladas? Y si se trata de exponerme a un peligro para salvar a un amigo, o morir por él, ¿qué necesidad tengo de adivino alguno? ¿No llevo en mi interior un adivino más infalible, el cual me ha enseñado la naturaleza del bien y del mal y me ha revelado todas las señales mediante las cuales puedo reconocer todo lo que me sucederá?

37. La afición y debilidad de los hombres por los adivinos provienen de su timidez. Es que teme a los acontecimientos. Por ello, y no por otra cosa, profesa a los adivinos esa sumisión exagerada y los hace árbitros y jueces de todos sus negocios, al mismo tiempo que les confía cuanto posee. Además, si les predicen algo bueno, les colma de gracias cual si ellos fuesen los dispensadores del bien que no hacen sino predecir. ¡Qué ceguedad! Si fuéramos razonables consultaríamos a los adivinos como preguntamos cuando estamos de viaje qué camino hemos de tomar, sin preocuparnos si ha de ser el de la derecha o el de la izquierda. Porque, ¿qué es, al fin y al cabo, consultar a los adivinos? Es consultar a los dioses para conocer su voluntad y cumplirla. Deberíamos, pues, servirnos de los oráculos como nos servimos de los ojos. No rogamos a los ojos que nos hagan ver tal o cual objeto, sino que vemos aquellos que ellos nos hacen ver. Hagamos, pues, lo mismo respecto a los augures: ni los halaguemos ni los roguemos. Hagamos únicamente aquello que nos ordenan.

38. Cuando vayas a consultar al adivino ten presente también-si eres filósofo-que vas a consultarle sabiendo de antemano la naturaleza de lo que ha de suceder, porque de ser alguna cosa de las que no dependen de nosotros no podía ser para ti ni buena ni mala. Acércate, pues, al adivino desprovisto de cualquier ánimo favorable o desfavorable; de lo contrario, irás temblando; en cambio, debes presentarte convencido de que todo lo que suceda te ha de ser indiferente, y que sea ello lo que quiera, nadie podrá impedir que saques de su práctica buen uso y el mejor partido posible. De modo que llégate a los adivinos con la misma serenidad y confianza con que te acercarías a los mismos dioses que se dignan aconsejarte, y una vez en posesión de sus consejos, acuérdate de quiénes son los tales consejos y que despreciarías sus órdenes si los desobedecieses. Es decir, que no debes ir a los adivinos sino como quería Sócrates que se fuera: para aquellas cosas que no se pueden conocer más que por el acontecimiento mismo y que ni la razón ni las reglas del algún arte pueden prever. De suerte que al ofrecérsete ocasión de exponerte a grandes riesgos, sea por un amigo, sea por la patria, no vayas a consultar al agorero, ya que es preciso que te sacrifiques; porque si él te declara en vista del examen de las entrañas algo contrario a todo esto, aun así debes socorrer a tu amigo y exponerte a herida o destierro. Porque la razón debe decirte que, a pesar de todo, debes socorrer a tu amigo y exponerte por el bien de tu patria. Así es que has de procurar obedecer a un adivino mucho más alto, grande y poderoso que al que ibas a consultar: a Apolo Pitio, aquel que arrojó de su templo al miserable que había dejado de socorrer a un amigo a quien asesinaban.

39. ¿De qué te quejas? La divinidad te ha concedido lo más grande, lo más noble, lo más excelso, lo más divino de que disponía; el poder de hacer buen uso de tus opiniones y el de encontrar en ti mismo tus verdaderos bienes. ¿Qué más quieres? Vive, pues, contento y no ceses de agradecer y de rogar a un padre tan magnánimo y bondadoso.

Sobre la resignación

1. No pidas nunca que sucedan las cosas como tú deseas, sino que deseas que sucedan como suceden, y prosperarás siempre.

2. Cuando estamos a punto de embarcar pedimos a los dioses vientos favorables con objeto de llegar pronto a destino; y mientras nos son concedidos, no hacemos sino observar consternados el viento reinante. ¡Ay de mí, siempre viento Norte! ¿Cómo embarcar con este viento contrario? ¿Cuándo soplará viento Sur? Amigo mío, soplará cuando le plazca o, mejor dicho, cuando le plazca al que es su amo y señor. ¿O es que eres dispensador de vientos cual otro Eolo? Acostúmbrate a que no podemos disponer más que de lo que depende de nosotros y hemos de tomar lo demás tal cual llega.

3. Trasca decía que prefería morir hoy a ser desterrado mañana. Oyendo esto, le replicó Rufo: -Si escoges el morir como lo peor, eres un loco; si, como lo mejor, ¿quién te ha dado derecho a escoger?

4. Aquel que se acomoda a lo que fatalmente sucede es sabio y apto para el conocimiento de las cosas divinas.

5. Siempre y en todo momento debemos hacer lo que de nosotros dependa, permaneciendo firmes y tranquilos respecto a lo demás. Si me veo obligado a embarcarme, ¿qué debo hacer? Pues lo que está en mi mano y es acorde a mi razón: escoger el barco, el piloto, los marineros, la estación, el día y el viento favorable: he aquí cuanto depende de mí. Luego, si en alta mar sobreviene una tormenta, ya no tengo yo nada que hacer, todo es asunto del piloto. ¿Que la embarcación zozobra? Pues en vez de gemir, llorar o apesadumbrarme, me dispongo a hacer lo que esté en mi poder y facultades para salvarme; sin dejar de pensar que todo lo nacido tiene que morir, según ley general de la que yo no puedo librarme. Porque no soy la eternidad, sino simplemente un hombre, una parte del todo, como una hora es una parte del día. Y así como cada hora llega y pasa, yo, que he venido, debo pasar asimismo. Y si debo pasar, ¿qué más da la manera de hacerlo, ora sea por medio de la fiebre, ya por la acción del agua?

6. Nunca ni por motivo alguno debes decir: he perdido tal cosa, sino la he devuelto. ¿Ha muerto tu mujer? La has devuelto. ¿Te han desposeído de tu hacienda? Has hecho una simple restitución. ¿Que el que te desposeyó es un malvado? ¡Y a ti qué te importa de qué manos se sirvió el que te dio los bienes para desposeerte luego de ellos! De modo que no te quejes y disfruta de la vida, como el viajero disfruta de la posada que el camino le depara, mientras te permita hacerlo.

7. Si los dioses me abandonan como me han abandonado en la indigencia, en la oscuridad y en el cautiverio, no es porque me tengan odio; ¿qué amo es capaz de aborrecer a su fiel servidor? Tampoco es por descuido, pues los dioses no descuidan ni las cosas al parecer más insignificantes. Lo que

quieren es ponerme a prueba para cerciorarse de si tienen en mí un buen soldado, de si soy un buen ciudadano; es decir, que quieren, éste es su fin inmediato, que les sirva de testigo ante los demás hombres.

8. Si quieres ver a un hombre contento con su suerte y que se conforma con que todo suceda como sucede, vuelve los ojos hacia Agripino. Cuando le anunciaron que el Senado estaba reunido para juzgarle, dijo: -Sea en buena hora. Voy a prepararme para tomar el baño como de costumbre. Apenas salía del baño recibió la noticia de que había sido condenado. -¿A muerte o a destierro? -preguntó. -A destierro. -¿Y han dispuesto que me confisquen los bienes? -No, tus bienes serán respetados.

-Partamos, pues, sin dilación. ¡Ea!, a comer a Aricia, que lo mismo se come en Aricia que en Roma.

9. Me han condenado al destierro. Pero ¿es que hay, acaso, más allá del mundo un lugar adonde puedan mandarme? ¿No he de encontrar en cualquier parte adonde vaya un cielo, un sol, una luna y unas estrellas? ¿Han de faltarme ilusiones para continuar viviendo y augurios para saber la voluntad de los dioses?

10. ¿Por qué te las echas de estoico? Llámate como tus actos exigen que te llames y no te adornes con un nombre que no te corresponde y que no haces sino deshonrar. Hombres como tú que predican máximas estoicas veo muchos; estoicos, ninguno. A ver quién es capaz de mostrarme un estoico; es decir, un hombre que se cree siempre feliz, que se siente feliz en la enfermedad, en el peligro, despreciado y aun calumniado. ¿Dónde está siquiera el hombre que empieza a ser estoico, ya que no haya ninguno acabado y perfecto? ¡Ea!, muéstrame si puedes un hombre conforme siempre con la voluntad divina, que jamás se queje de los dioses ni de los hombres, que nunca encuentre que se han frustrado sus deseos, a quien nada lastime, a quien no asalte la envidia, ni la cólera, ni la soberbia; que, con un cuerpo mortal, sostenga un secreto comercio con los dioses y que anhele despojarse de su perecedera vestidura corpórea para unirse con ellos en espíritu.

11. ¿Tienes calentura? Pues si la conllevas como es debido, en ella tienes lo mejor que puedes desear. ¿Que qué es conllevar la calentura como es debido? Pues sufrirla sin quejarse de los dioses ni de los hombres; no alarmarse por lo que pueda sobrevenir; pensar que todo irá bien y si la muerte misma llega, aguardarla valerosamente como lo mejor; no alegrarte sobremanera si, por el contrario, el médico te asegura que vas mejor, ni afligirte si te afirma lo contrario. Porque ¿qué es estar peor? Simplemente acercarse al término en que el alma se separa del cuerpo. ¿Y, sinceramente, crees y llamas un mal a esta separación? Además, si no es hoy, ¿dejará de acaecer mañana? ¿O es que piensas que se va a acabar el mundo con tu muerte? Vive, pues, tranquilo y sosegado lo mismo en la calentura que disfrutando de cabal salud.

Sobre la filosofía y los filósofos

1. Los espíritus débiles escapan a los preceptos de la filosofía como los pececillos jóvenes a los anzuelos.

2. Te has embutido de algunos conceptos filosóficos y tratas de enseñarlos por tu cuenta. ¡Da risa oírte! Vomitas de una manera grotesca lo que no has sido capaz de digerir, como esos malos estómagos que devuelven brutalmente los manjares que a toda prisa han ingerido... Digiere, amigo, digiere, que ya enseñarás más tarde, cuando tu espíritu, cambiado, demuestre los alimentos que le diste. -Y si fulano ha abierto una escuela, ¿por qué no puedo yo abrir otra? -¡Vil esclavo! ¿Es que una escuela se puede abrir por puro capricho? ¿Es que crees que tal cosa se puede hacer sin haber alcanzado la edad de la experiencia, sin haber llevado una vida ejemplar y sin ser elegido de los dioses? Pues aprende, que sin estos requisitos no serás más que un impostor y un impío. Serás como el que abriese una tienda de médico llena de ungüentos que no supiese aplicar ni para qué sirven.

3. El alma es un estanque lleno de agua: sus opiniones son la luz que ilumina este estanque. Cuando el agua está agitada diríase que la luz lo está también, y, sin embargo, no es así. Lo mismo sucede con el hombre: cuando está agitado, no por ello las virtudes se trastornan y confunden, sino tan sólo su espíritu. Basta que éste se calme para que todo vuelva a su reposo normal.

4. El comienzo de la filosofía es conocer nuestra debilidad y nuestra ignorancia y los deberes necesarios e indispensables.

5. ¿Qué es un filósofo? Un hombre a quien si escuchas te hará seguramente más libre que todos los pretores juntos.

6. Cuando un cuervo te predice algo con sus graznidos, cree que es un dios y no un cuervo quien te habla. Cuando un filósofo te advierte, cree asimismo que quien te advierte es un dios y no un filósofo.

7. Considera atentamente la alteza de miras de los filósofos y la claridad de sus espíritus y verás cuán clarividentes los encuentras. El mismo Argos con sus cien ojos te parecerá ciego si le comparas con ellos.

8. La escuela del filósofo, como el gabinete de un médico, son lugares adonde se acude, no para disfrutar placeres, sino lo que vale más, saludables dolores. Al luxado, al que padece un absceso, al que le atormenta una fístula y al que sufre de una úlcera, no el placer, sino el dolor ha de curarlos.

9. El bueno, el verdadero sabio, recordando siempre quién es, de dónde viene y quién le ha creado, guarda fielmente el lugar que se le señala, y procura demostrar siempre a los dioses su obediencia diciendo: -¿Queréis que aún permanezca aquí? Pues permanezco. ¿Queréis que abandone mi puesto? Pues le abandono; pues como por vosotros estoy aquí, por vosotros salgo si os place; que jamás mis miradas y deseos se han de apartar de vuestros mandatos y prohibiciones.

10. ¿Te empeñas en ser filósofo? Sea; pero disponte a ser el hazmerreír de todos y a que la multitud te silbe y diga: ¡He aquí un filósofo que ha brotado de repente! ¿De dónde habrá sacado esa ridícula arrogancia? De modo que, en vez de ese aire vanidoso, procura adaptarte a las máximas que estimes mejores y más hermosas, y no olvides que si permaneces fiel observador de ellas, los mismos que antes se burlaban de ti te admirarán más tarde; al paso que, si cedes a sus insultos, se burlarán de ti dos veces.

11. No olvides que cuando por complacer a los demás mires hacia afuera, lo que haces, en realidad, es descender de la altura en que te encontrabas. No dejes, pues, por nada ni por nadie de ser filósofo; y si además de serlo quieres parecerlo, conténtate de que esto sea a tus propios ojos solamente. Ello basta, créeme.

12. No te des jamás el título de filósofo ni pierdas el tiempo en predicar hermosas máximas ante los ignorantes; lo único que debes hacer ante ellos es practicar simplemente lo que estas máximas aconsejen. Por ejemplo, en un festín no te metas a predicar cómo debe comerse, sino practícalo, y acuérdate de que en todo y en todos los lugares, Sócrates, modelo vivo para todo hombre que se estima y ama la sabiduría y la sencillez, supo dominar todo fausto y ostentación. Cuando los jóvenes acudían a él para que les recomendase a los otros filósofos, les acompañaba él mismo y soportaba sin quejarse el ningún caso que de él hacían.

13. No olvides nunca lo que decía Eúfrates: que le había ido muy bien ocultando durante mucho tiempo que era filósofo; porque, aparte de estar convencido de que, obrando así, no había hecho nada para llamar la atención de los hombres y sí de los dioses, había tenido el consuelo de que, como combatía solo, solo se exponía, sin exponer ni al prójimo ni a la filosofía con los errores que podía haber cometido; y, sobre todo, que había podido gozar del secreto placer de ser tenido por filósofo a causa de sus acciones y no de su traje.

14. Procura que tus austeridades y tus prácticas corporales no sean extraordinarias e increíbles; de no hacerlo así, serás más bien un saltimbanqui que un filósofo.

15. Lo que nos pierde es que, apenas hemos acercado a los labios la copa de la filosofía, ya queremos hacernos los sabios y ser indispensables a los demás; nos sentimos capaces de reformar el mundo. ¡Torpe vanidad, amigo mío! Lo primero, para poder mostrarse a los demás cómo un hombre a quien la filosofía ha reformado, es empezar por reformarse verdaderamente. Y si quieres ser útil a los demás, al tiempo de pasear y comer con ellos, instrúyelos con buenos ejemplos, sé complaciente, cede a todos, dales preferencia, sufre hasta sus impertinencias y séles útil; en fin, enseñándoles cómo se es mejor que ellos.

16. Si queremos ser verdaderos filósofos, es preciso que pongamos nuestra voluntad en estado de aceptar y acomodarse a todo cuanto nos

ocurra y a todo cuanto deje de ocurrimos. Ello nos proporcionará la inapreciable ventaja de que nunca veamos defraudados nuestros deseos ni realizado el motivo de nuestros temores. Y podremos convivir con los hombres sin penas ni trastornos y conservar todas nuestras relaciones naturales o adquiridas; es decir, cumpliremos a la perfección con nuestros compromisos de padres, hijos, hermanos, ciudadanos, esposos, socios, magistrados y súbditos.

17. No hay arte ni ciencia que no sea despreciada y menospreciada por la ignorancia y los ignorantes. ¿Por qué, pues, la filosofía ha de ser una excepción haciéndoles caso y dejándose conmover por sus prejuicios y reproches?

18. Un médico visita a un enfermo y le dice: Como tienes calentura, abstente de tomar alimento alguno y no bebas sino agua. El enfermo obedece al pie de la letra sus palabras, le paga y aún queda agradecido. En cambio, cuando un filósofo dice a un ignorante: Tus deseos son inmoderados; tus temores, bajos y serviles, y tus opiniones, falsas, se enfurece y se aparta de él asegurando que ha sido insultado. ¿De qué puede provenir esta diferencia? Sencillamente, de que el enfermo siente su mal y el ignorante no siente el suyo.

19. El ignorante no espera de sí mismo su bien y su mal, sino de los otros. El filósofo tan solo espera bien y mal de sí mismo.

20. ¿A qué viene esa fiereza y ese orgullo, miserable filósofo? -Espera un poco, amigo mío, y me verás todavía más orgulloso; espera a que tenga la debida firmeza en las máximas que he aprendido y a cuya aceptación he dado mi absoluto consentimiento; espera, que esto aún no es nada, pues conozco y temo todavía mi debilidad. Pero ya te digo que pronto, cuando esté enteramente seguro y fortificado, entonces será cuando veas todo mi orgullo y toda mi fiereza en su grado máximo. Y es que la estatua no está aún terminada; los dioses no le han dado todavía la última mano. Mas no creas que, una vez acabada, su fiereza será hija de su orgullo. No; será una fiereza de seguridad y confianza en la verdad. ¿Es orgullo lo que observas en la cabeza de Júpiter? No. Es firmeza, es estabilidad, es constancia, es seguridad en su poder; es, en suma, lo que debe brillar en la faz de un Dios que te dice: Todo lo que he confirmado por medio de un signo de aprobación, jamás se engañó, fue irrevocable y nunca dejó de suceder. Pues bien: yo trataré de imitar este gran modelo. Me verás fiel, modesto, valeroso e inaccesible a la turbación y a las emociones que causan los accidentes que llaman terribles. -Pero ¿te veré inmortal, exento de vejez y de enfermedades? -No; pero verás que sé morir, y ser viejo, y ser enfermo; verás qué sólidos y templados son los nervios de un filósofo. -¿Y en qué consiste esta solidez y esta templanza? -En no tener jamás deseos frustrados ni temores mal dirigidos; en prevenir todos los males; en arreglar convenientemente todos los movimientos del alma; en que todos los designios sean hijos de prudente y madura reflexión y en que

las afirmaciones sean tan sólidas y certeras que jamás vayan seguidas del arrepentimiento.

21. La primera y más necesaria parte de la filosofía es aquella que trata de la práctica de los preceptos; como, por ejemplo, del que establece que no debemos mentir. La segunda es la que hace las demostraciones; como: por qué no debemos mentir. Y la tercera es la que hace la prueba de estas demostraciones; como: por qué son tales demostraciones y en qué consiste su certeza y verdad, y qué es demostración, consecuencia, oposición, verdad y falsedad.

Esta tercera parte es necesaria a la segunda; la segunda, a la primera, y ésta es la más necesaria de todas y en la que debemos detenernos y fijarnos más. Pero solemos invertir este orden y no acostumbramos a pasar de la tercera. De ordinario, ponemos todo nuestro empeño y estudio en la prueba, descuidando en absoluto lo primero, es decir, el uso y la práctica. ¿Qué resulta de ello? Pues que mentimos; pero, eso sí, siempre estamos dispuestos a demostrar que no debemos mentir.

22. Un discípulo mío, que se sentía inclinado hacia la filosofía cínica, me preguntó un día cómo debía ser el verdadero filósofo de esta secta y qué debía hacer para llegar a serlo. -Amigo mío-le contesté-, todo cuanto puedo decirte es: que cualquier hombre que emprenda una cosa tan superior sin que a ello le llamen los dioses, será tan loco como aquel que entrase en una casa extraña sin consentimiento de sus dueños. -Pero-replicó-me avendré sin discusión a vestirme de harapos y a llevar un manto zurcido; dormiré en el suelo, no llevaré más que una alforja y un palo y me meteré audazmente con todo el mundo. -¡Ay, amigo mío! Si sólo por estas exterioridades juzgas de la filosofía, ¡cuán mal la juzgas! Sabes que el filósofo cínico es un hombre lleno de pudor y que su vida está expuesta de continuo a la vista de los demás, pues nada hace que no sea decente; que los verdaderos cínicos son enviados de los dioses para que reformen a los hombres y para que les enseñen con su ejemplo cómo desnudos, sin bienes, sin otro techo que el cielo ni más cama que la tierra, se puede vivir feliz; elegidos que tratan a los viciosos, por encumbrados que sean, como esclavos; hombres que, maltratados y apaleados, aman y bendicen a quienes los apalean; que miran a todos los demás hombres como si fuesen hijos suyos, que los soportan, juegan con ellos, les amonestan con bondad y ternura, como hacen los padres, como hacen los hermanos y como hacen los ministros de los dioses; hombres, en fin, a quienes, y a pesar de su humildísima condición, príncipes y reyes no pueden menos de tratar con respeto. Así y tal como te describo es como Alejandro Magno vio a Diógenes.

23. ¿Por qué los hombres no juzgan la filosofía como las demás artes? Si un obrero hace mal el trabajo, a él solo se le echa la culpa; todos dirán que es un mal obrero, pero a nadie se le ocurrirá por ello difamar de su oficio. En cambio, si un filósofo comete una falta, nadie dice: ¡Es un mal filósofo!, ¡un

filósofo de pega!, sino que dicen todos: ¡Valiente estupidez es la filosofía! ¿De qué proviene semejante injusticia? De que no hay arte ni oficio que los hombres no cultiven mejor que la filosofía o más bien, de que la pasión no ciega a los hombres respecto a las artes que les halagan o les son de visible utilidad y que, en cambio, les ciega respecto al que les molesta, les combate y les condena.

24. Hay gentes tan ciegas que ni al mismo Vulcano considerarían buen herrero de no verle tocado con su gorro de forjador. Necedad es, pues, quejarse de ser desconocido de un necio; de esos que únicamente distinguen a los hombres por sus trajes y sus atributos. He aquí por qué Sócrates fue desconocido por la mayoría de sus conciudadanos. A él, que era el filósofo por excelencia, acudían para que les llevase a algún filósofo; a lo que él accedía sin ofenderse, de buen grado. Y jamás se quejó de que no le considerasen como filósofo. Jamás puso rótulo en su puerta. Siempre estuvo satisfecho de ser filósofo sin parecerlo. Y, no obstante, ¿quién mejor que él, vuelvo a repetir, puede ostentar tan noble título? Haz, pues, tú otro tanto: que tu filosofía no se deje traslucir más que en tus actos.

25. ¿Es que basta haber comprado un libro de música o un instrumento para ser músico? ¿Habrá alguno tan insensato que tal se figura? Y tú, infeliz, ¿te figuras que basta llevar largas barbas, una alforja, un palo y un modesto manto para ser filósofo? Amigo mío: el hábito es conveniente al arte; pero el nombre es el arte quien le da, no el hábito.

26. Así como la medicina aconseja el cambio de aires a los que padecen ciertas enfermedades crónicas, del mismo modo la filosofía aconseja a los que tienen vicios inveterados que nada puede fortificarlos como los lugares donde nacieron.

De las mujeres

1. Es de ingratos y cobardes sostener que no existe diferencia entre la belleza y la fealdad. ¿Acaso una mujer fea agrada y embelesa la vista como una hermosa? Decir tal cosa es, no solamente torpe, sino impío; lenguaje propio de las gentes que desconocen la naturaleza de las cosas y que temen arriesgarse a opinar por miedo de ser arrastradas y vencidas. No es negando la belleza como se sustrae el hombre a sus encantos; el mérito está en resistir reconociéndola.

2. ¿Sabéis lo que hace el hombre que persigue a la mujer de su prójimo? Pisotear las leyes del pudor y de la fidelidad; violar la vecindad, la amistad, la sociedad y todas las cosas más sagradas y las más sagradas leyes. El que tal hace no puede ya ser considerado ni como amigo, ni como vecino, ni como ciudadano. No llega ni a tener el valor de un esclavo; es un barco inútil que no vale sino para ser echado a pique.

3. Un libertino cogido en flagrante delito de adulterio decía a Diógenes que por ley de la naturaleza, las mujeres eran comunes. El filósofo le respondió: -También son comunes las viandas que se sirven a la mesa; pero, una vez hechas las partes y distribuidas, no tendría pudor ni vergüenza el que le quitase a su vecino la ración del propio plato. Común es también el teatro a todos los ciudadanos; pero, una vez tomados todos los sitios, no se puede ni se debe exigir que cualquiera de los espectadores abandone el sitio que ocupa para que lo tome el recién llegado. De esta manera, y no de otra, son comunes las mujeres: desde el momento en que el legislador las ha distribuido y ha dado a cada una su esposo, no habrá hombre honrado alguno que en conciencia se atreva a asegurar que es lícito no contentarse con la suya y tomar la del vecino. De modo que tú, que tal haces, no eres un hombre sociable y racional, sino un mono o un lobo salvaje.

4. Mientras las mujeres son jóvenes, sus maridos no cesan de elogiar su belleza y de llamarlas queridas y hermosas. De modo que, viendo ellas que sus maridos no las consideran más que por su belleza corporal y por el placer que les procuran, no piensan sino en componerse y engalanarse y todas sus esperanzas parecen cifrarse en sus atavíos. Nada es, por consiguiente, más útil y necesario que esforzarse en demostrarlas que se las honrará y respetará en tanto sean prudentes, pudorosas y modestas.

5. Si logro resistir a una mujer hermosa que está dispuesta a concederme sus favores, me digo: -¡Bravo!, Epicteto; esto vale más que haber refutado el sofisma más sutil. Porque, ciertamente, resistir sus provocaciones y rechazar sus caricias es victoria de la que puedo vanagloriarme con más justo título que si hubiese triunfado de los silogismos más peligrosos. Pero ¿cómo resistir a tentación tan seductora? Un medio hay muy eficaz: tratando a toda costa de

agradarse a sí mismo y de parecer hermoso a los ojos de los dioses; queriendo a toda costa también conservar la pureza del cuerpo y del alma.

6. Amfiarao vivió largo tiempo en paz con su mujer; tuvieron muchos hijos y jamás se vio un matrimonio mejor avenido. Pero sobrevino el ofrecimiento de un collar, y ¡adiós mujer, esposa y madre!

De los cuidados del cuerpo

1. Señal evidente de un espíritu torpe es consagrar un tiempo excesivo al cuidado del cuerpo, al ejercicio, a la comida y a la bebida, o a cualquiera otra de las necesidades corporales. Todos estos cuidados no deben constituir lo principal, sino lo secundario de nuestra vida, y hay que tenerlos, por tanto, como de paso. Porque nuestra grande y activa e incesante preocupación debemos consagrarla al espíritu.

2. ¿Eres hombre o mujer? Si eres hombre, atavíate como un hombre y no pretendas pasar por un prodigio de indumento, por una cosa nunca vista. Cuando Sócrates encargaba a Alcibíades que se embelleciese, le aconsejaba precisamente descuidar un poco la belleza del cuerpo para ocuparse de la del alma. Mas no creas por esto que es preciso ser desaseado y sucio; no. Nada de eso; pero sí importa mucho que tu aseo sea serio y digno de un hombre.

3. La limpieza es para el cuerpo lo que la pureza para el alma. La Naturaleza misma enseña a ser limpio. Como cuando se ha comido suele quedar algo entre los dientes, ofrece agua e invita a lavarse la boca a fin de que en ningún momento dejemos de ser hombres y nos acerquemos a los cerdos. Ella nos proporciona, además, baño, aceite, esparto y vitriolo, para combatir el sudor y la grasa de nuestra piel. Pues bien: si no te sirves de todo esto que tan oportuna y generosamente te brinda, no eres un hombre. Y si cuidas de tu caballo y de tu perro, a los que haces bañar, limpiar y peinar como es debido, ¿vas a tratar tu propio cuerpo peor que el de tu caballo o el de tu perro? Lávalo, pues, y límpialo perfectamente; procura que a nadie dé asco y que nadie tenga que apartarse de ti con repugnancia; y ¿quién no se apartará asqueado de un hombre sucio y maloliente? Ahora bien: si prefieres esto, apártate de los demás y vive retirado, solazándote con tu propia porquería; pero lejos de la ciudad, en medio del desierto, a fin de no apestar a tus amigos y vecinos. Porque, ¿cómo siendo basura te atreves a frecuentar los templos, donde está prohibido el escupir y el sonarse?

4. ¿Cómo podrían atraerme, por hermosas que fuesen, las sentencias de un filósofo si él se me presentaba sucio, desaseado y tan horrible como criminal que sale de la mazmorra? ¿Cómo podría hacerme amar una doctrina de la que él era tan desagradable representante? Por nada del mundo me resignaría a escucharle, y mucho menos a relacionarme con él. Cuidemos, pues, de la limpieza y de la decencia exterior. Y lo que digo de los maestros, dicho queda de los discípulos. Por lo que a mí respecta, cuando un joven desea dedicarse a la filosofía, prefiero y deseo que acuda a mis lecciones limpio y decentemente vestido, y no sucio y desgreñado. Detalle es éste por el cual juzgo, ya que posee alguna noción de la belleza y que se inclina a lo que es conveniente y honroso. Porque deduzco que puesto que cuida de la belleza que le es conocida, es de esperar que cuidará también de la que le daré

a conocer, esto es, de la belleza interior, que consiste en el perfecto uso de la razón, al lado de la cual es solo fealdad la belleza del cuerpo. Pero al que se me acerca sucio, astroso, cubierto de pringue y porquería, despeinado el cabello y con la barba hasta la cintura, ¿qué puedo decirle para darle a conocer la belleza, de la cual no tiene la menor idea, tratándose de un cerdo que preferirá siempre su muladar a la fuente más pura y cristalina?

De la verdadera filosofía

1. ¿Que mi padre es malo? ¿Que mi vecino es malo? Lo serán en tal caso para ellos mismos, pero no para mí. Para mí son muy buenos, por el contrario, pues su manera de ser sirve para que yo ejercite y fortalezca mi dulzura, mi generosidad y mi paciencia. Poderoso Mercurio, dame tu admirable varita; y no para trocar en oro cuanto toque, que ello sería ínfima y menguada cosa, al fin y al cabo, sino para cambiar en bienes todo cuanto pasa por males: la enfermedad, la pobreza, la ignominia y aun la muerte misma.

2. Porque tu hijo, a quien adoras, según dices, está muy enfermo y no tienes valor para verle sufrir, te apartas de él. Entonces, si tal hace el cariño, pronto se verá abandonado de cuantos le aman-su madre, su nodriza, sus hermanos, su preceptor-, y fuerza será que le cuiden los que no le quieren ni tienen nada que ver con él. ¿Y no es esto un inmenso y terrible disparate? ¿No es estar ciego y discurrir torpe y cruelmente? ¿Quisieras tú, en tus propias enfermedades, contar sólo con personas que de este modo se interesasen por ti?

3. Te has convertido en perseguidor y tirano de tu prójimo por el simple hecho de ocupar un puesto eminente. ¡Infeliz! ¿Olvidas, acaso, quién eres y a quiénes mandas? ¿No te das cuenta de que son tus hermanos y tu padre?... ¿Qué dices? ¿Que porque has comprado el empleo tienes derecho a usar de ciertas prerrogativas y derechos?... ¡Desgraciado! ¡Lodo y tierra únicamente son de puro bajos todos tus pensamientos, que sólo miran a estas míseras leyes humanas, leyes de los muertos en suma, y no eres capaz de levantar los ojos hacia las únicas perfectas y admirables, hacia las divinas!

4. Puesto que compadeces a los ciegos y a los cojos, ¿por qué no compadeces también a los malvados? ¿No comprendes que lo son a pesar suyo, como los cojos y los ciegos?

5. Cada cosa ofrece dos aspectos distintos: uno que la hace fácilmente llevadera y otro que sólo ofrece dificultades. Por ello, si tu hermano te hace una injusticia, no le cojas por el lado de la injusticia que te hace, pues por ahí no debes cogerle ni podrías llevarle; tómalo por el otro asidero, es decir, el que te muestra un hermano, un hombre que se ha criado contigo, es decir, por el lado bueno, lo que te le hará soportable.

6. ¿Qué adelantarías con injuriar a una piedra que es incapaz de oírte? Pues bien: imita a la piedra y no oigas las injurias que te dirijan.

7. Ten en cuenta que no es quien te injuria, ni quien te pega, quienes te maltratan, sino la opinión que de ellos tienes y que te hace mirarlos como enemigos. Del mismo modo, cuando alguno te aflige o incomoda, no es él verdaderamente quien tal hace, sino tu propia opinión. Procura, pues, que tu

imaginación no te venza, pues si lo consigues empezarás a ser dueño de ti mismo.

8. Así como un maestro de gimnasia, ordenándome levantar pesos y hacer toda clase de ejercicios, endurece y desarrolla mis músculos, que tanto más se vigorizan cuanto más acato sus órdenes, tal me ocurre con quienes me maltratan y me llenan de improperios, pues desarrollan mi paciencia, mi dulzura y mi clemencia. Y aun ¡cuánto mayor es el servicio que me presta éste que aquél!

9. Cuando alguno te maltrata de obra o de palabra, acuérdate de que lo hace porque se cree con derecho a ello. Es decir, que no obra según tu juicio, sino según el suyo propio. De modo que si te juzga mal, él solo se perjudica, ya que él solo se engaña. Porque si alguien acusa de falso un silogismo justo y admitido por todo el mundo, no es el silogismo el atropellado, sino el que se engaña juzgándolo mal. Aprende a servirte bien y siempre de esta regla y podrás soportar con paciencia a cuantos hablen mal de ti, ya que cada vez que ocurra podrás decirte: Si tal dice es porque buenamente lo cree.

10. «¿No tengo razón en vengarme y devolver el mal que me han causado?» ¡Pero si nadie te ha causado mal alguno, puesto que el bien y el mal no existen más que en tu voluntad! Y si otro se ha herido él haciéndote a ti una injusticia, ¿no es torpe que te hieras tú mismo devolviéndosela?

11. Si alguno te trae la noticia de que otro ha hablado mal de ti, no te complazcas en refutar lo que haya dicho; al contrario, limítate a contestar con sencillez: «El que te ha hablado de mí en estos términos ignoraba, sin duda, mis otros vicios y defectos, pues, a no ser así, no se hubiera contentado con citar únicamente éstos.»

12. El hombre cuerdo espera siempre recibir de los malvados mucho más daño que el que recibe. Si le injurian, agradece que no le hayan pegado; si le pegan, queda reconocido si no llegan a herirle; de herirle, se alegra de que no le hayan muerto.

De la amistad

1. La amistad es atributo sólo del sabio. ¿Cómo sería capaz de amar quien no sabe distinguir lo bueno de lo malo?

2. No es posible que ame a los hombres quien ama las riquezas, los placeres o la vanagloria. Sólo el que ama lo honrado y lo decente es capaz de amarlos con verdad.

3. Para amar es preciso colocar al mismo nivel la utilidad, la santidad, la honradez, la patria, los padres, los amigos y la justicia. Si se separan estas cosas ya no es posible la amistad, porque donde domina el yo y lo mío, domina el animal, no la razón inteligente. Si el yo, es decir, lo mío, o sea mi interés, está de acurdo con la honestidad y la justicia, soy buen amigo, buen hijo, buen padre y buen esposo; pero si en un lado está mi interés y en otro aquellas virtudes, entonces adiós amistad y adiós todos los deberes más santos e indispensables.

4. Si quieres saber si dos hombres son amigos, no preguntes si son hermanos, si se han educado juntos, si tuvieron los mismos maestros y preceptores; pregunta tan sólo en qué hacen consistir su intimidad. Y si esta intimidad estuviese basada en las cosas que no dependen de nosotros, guárdate mucho de decir que son amigos; no, no lo son, como no son fieles, ni constantes, ni libres. En cambio, si basan su amistad en aquellas cosas que de nosotros dependen y la sostienen y cimentan con opiniones sanas, entonces no te preocupes de si los atan o no los lazos de la sangre, de si se conocen desde largo tiempo ni de sus protestas de amistad; porque ¿puede no haber amistad allí donde hay felicidad y comunicación en todo lo bello y honesto?

5. El alma del vicioso es incapaz de amistad por lo mismo que, entregada a la inconstancia y al desenfreno, va siempre de un lado para otro empujada por sus opiniones y jamás satisfecha.

6. ¿Ves esos perros que están jugando? Diríase que son los mejores amigos del mundo, a juzgar por sus fiestas, sus caricias, su bullicio y sus lametones, ¿verdad? Pues echa en medio de ellos un hueso y verás lo que ocurre. Esta suele ser la amistad entre padres, hijos y hermanos. En cuanto se ofrece un motivo de disputa: dinero, tierras, una querida, bienes de cualquier clase, ya no hay padre, ni hijo, ni hermano.

Sobre la opinión engañosa de las cosas

1. Lo que perturba a los hombres no son precisamente las cosas, sino la opinión que de ellas se forman. Por ejemplo: la muerte en modo alguno es un mal; no obstante, opinamos todo lo contrario, y esto sí que es un verdadero mal. Así, pues, cuando nos sintamos torturados, meditabundos o tristes, no acusemos de ello a nadie, sino a nosotros mismos, es decir, a nuestras propias opiniones.

2. Sé de un hombre que, descontento de su suerte, corrió a arrojarse a los pies de Epafrodito y le gimió que era el más desgraciado de los hombres, que estaba completamente arruinado y que ya no le quedaban medios de subsistencia, puesto que todo su capital se reducía a cincuenta mil escudos. ¿Y sabéis lo que contestó Epafrodito? ¿Imagináis que se burló de él? Nada de eso; antes al contrario, le contestó con la mayor seriedad y convencimiento del mundo: «Pero, desdichado, ¿cómo no me has hablado antes de esta terrible miseria? ¿Y cómo has tenido el inmenso valor de sobrellevarla sin morirte?»

3. ¡Cómo no hemos de estar llenos de falsos prejuicios si no nos enseñan otra cosa desde nuestra infancia! La nodriza, apenas empezamos a caminar, si tropezamos con una piedra y rompemos en llanto, lejos de reñirnos riñe a la piedra y hace como que la pega. ¡Por todos los dioses! ¿Habrá algo más insensato? ¿Qué mal ha hecho la pobre piedra? ¿Es que tenía que prever que íbamos a tropezar con ella y debió cambiar de sitio?... Cuando somos mayores, si al volver del baño no encontramos dispuesta la cena, nos enfurecemos y armamos un escándalo atroz; y nuestros superiores, lejos de reprimir nuestro insensato furor, se echan a gritar por su lado y, si a mano viene, paga el cocinero. Yo diría a estos superiores que, teniendo el deber de educar, pervierten: ¿Por qué sois tan celosos con el cocinero y tan descuidados con el joven? En fin, cuando adultos ya ocupamos algún cargo en la sociedad, tenemos siempre ante los ojos idénticos ejemplos. Por ello vivimos y morimos siendo siempre niños. Pero ¿qué es ser niños? Muy fácil: así como hablando de las letras o de la música se llama niño al que no las sabe o las sabe mal, así en la vida es eternamente niño quien no sabe vivir o vive con opiniones falsas e insanas.

4. Cuando estoy embarcado y no veo más que mar y cielo, la vasta extensión del mar que me rodea me sobrecoge. Diríase que, caso de naufragar, hubiese de morir de no tragar toda aquella inmensidad de agua, ¡cuando bastan un par de azumbres de agua para ahogarme! Del mismo modo, durante un terremoto, me imagino que la ciudad entera va a caérseme encima, como si no bastase una sola teja para romperme la cabeza. Y es que somos unos infelices esclavos de la imaginación mal dirigida.

5. «¡ Ay de mí! ¡Cuándo volveré a ver Atenas!» Pero, amigo mío, ¿puedes ver acaso algo más hermoso que el cielo, el sol, la luna, las estrellas y el mar? Y si tanto te aflige haber perdido de vista Atenas, ¿qué harías si perdieras de vista al astro del día?

6. La regla y medida de nuestros actos son nuestras opiniones. ¿De dónde nació la Astrea, de Eurípides? De la opinión. ¿Y su Medea y su Hipólito? De la opinión. ¿Y el Edipo, de Sófocles? De la opinión igualmente.

7. ¿Que fue una gran desgracia para Paris el que los griegos entrasen en Troya, la pasasen a sangre y fuego, exterminaran a la familia de Príamo y se llevaran cautivas a todas las mujeres? Te equivocas, amigo mío. La gran desgracia de Paris fue el haber perdido el pudor, la fidelidad, la modestia y el respeto a la sagrada hospitalidad, que violó inicuamente. Asimismo, la desgracia de Aquiles no consistió en que mataran a su amigo Patroclo, sino en haberse encolerizado y suspirado por Briseida, olvidando que no había ido a la guerra a tener concubinas, sino para devolver una mujer a su marido.

8. ¿Has visto alguna vez una de esas ferias a las que acuden gentes de todas las comarcas vecinas? De ellas, unos van a comprar, otros a vender, unos por mera curiosidad, deseosos de ver la feria y enterarse de por qué se celebra y quién la estableció; otros por conveniencia; pues bien: otro tanto acontece en el mundo. En esta gran feria, unos se desviven por comprar, otros por vender; pocos, muy pocos, se contentan con admirar este sublime espectáculo para darse cuenta de lo que es, quién lo ha hecho, por qué lo ha hecho y cómo lo dirige-porque no es posible que no lo haya hecho alguien y que por alguien no esté regido-. Una ciudad, una casa, no existirían si no hubiese existido antes un obrero, y no subsistirían si no hubiese quien, rigiéndolas verdaderamente, se cuidase de ellas. Y si esto es con una simple casa, ¿cómo podría existir y perdurar tan vasta máquina como la del Universo por pura casualidad? Esto es imposible. Hay, pues, alguien que la hizo y alguien que la mantiene y dirige. ¿Quién es y cómo la dirige? Y nosotros, también obra suya, ¿qué somos y por qué somos?... Muy contados son los que se hacen semejantes reflexiones y que, después de haber admirado la obra y bendecido al obrero, se sienten satisfechos y contentos. Y estos pocos, ¡mentira parece!, suelen provocar la risa de los demás, de la misma manera que en feria los mercaderes se mofan y hasta irritan contra los simples curiosos y los tachan de necios y badulaques. Claro que también los bueyes y los puercos, si pudiesen hablar, se mofarían seguramente de todos aquellos que piensan y se ocupan en otras cosas que en sus codiciados pastos.

9. Hallándote de paso en esta ciudad, y mientras se apresta el bajel que ha de llevarte a otras tierras, te dices: «Vamos a ver a ese Epicteto y oigamos qué dice.» Y, en efecto, vienes, me ves..., y esto es todo. Pero entendámonos, ¿qué es conversar con un hombre? ¿No es preguntarle cuáles son sus opiniones y exponerle las propias? ¿No es dejarse arrancar las ideas falsas y librar al contrario, asimismo, del error, si está en él? Pues bien: si esto es

hablar con un filósofo, he aquí que tú, luego de visitarme, descontento del trabajo que ello te ha dado, te marchas murmurando: «¡Valiente cosa este Epicteto! ¡Buen chasco me he llevado! ¡Si apenas sabe hablar! ¡Vaya un lenguaje tosco y vulgar el suyo!...» Pero ¿es que se trataba de oírme brillantes y vacíos discursos? Así son los hombres; sólo se dejan seducir por los amenos y altisonantes parlanchines, y, engañados, pasan la vida unos junto a otros sin conocerse, sin examinarse a fondo y sin mejorarse. Pasar el tiempo y curiosear: ¡he aquí toda la preocupación de nuestra sociedad!

10. Dices que si Sócrates, en vez de negarse a huir de la prisión se hubiese puesto en salvo, aún hubiera sido útil a los hombres. Pues bien: no, amigo mío. Lo que Sócrates dijo e hizo negándose a ponerse a salvo y muriendo por la justicia, nos es mucho más útil que cuanto hubiera podido decir y hacer si se hubiese escapado.

11. Epicuro enseña que por ley natural no existe sociedad alguna entre los hombres; que los dioses no se preocupan para nada de las cosas humanas; que no hay otro bien que la voluptuosidad. Pero, insensato, ¿valía la pena de pasar tantas noches en vela para escribir después libros cuajados de semejantes preceptos? ¿No hubiera sido mejor, siguiendo estas mismas teorías, permanecer bien calentito en la cama y arrastrar la existencia de un gusano, toda vez que ella es la única capaz de que los que tal piensan se consideren dignos? Según él, la piedad y la santidad son puras invenciones de hombres arrogantes y sofistas; la justicia no es más que debilidad; el pudor, locura; no hay, en cuanto a las obligaciones, ni padres, ni hijos, ni hermanos, ni ciudadanos. ¡Oh atrevimiento insensato! ¡Oh audacia! ¡Oh impostura inaudita! Orestes, agitado por las negras furias, no es poseído de demencia semejante a la tuya.

12. Así como no está en manos del hombre admitir lo que le parece falso ni desechar lo verdadero, tampoco puede rechazar lo que cree bueno. El epicúreo que dice que «el robar no es un mal, sino que el mal consiste en ser sorprendido robando», robará, de fijo, si está seguro de que puede efectuarlo sin ser advertido.

13. Cuando vas al anfiteatro, inmediatamente tomas partido por tal acto o tal atleta, pues crees que a él se le debe adjudicar el premio. Los demás, en cambio, juzgan que es otro quien alcanzará la victoria. Esta contradicción te irrita, pues como eres pretor crees que nadie debe contradecirte. Pero ¿es que acaso los demás carecen de opinión y de voluntad? ¿No tienen también derecho a incomodarse al ver que tú te opones a lo que ellos piensan? Breve, si quieres estar tranquilo y que nadie te contradiga, no desees que resulte premiado otro que aquel a quien se conceda el premio. O bien, si te obstinas en que sea premiado tu favorito, haz representar en tu casa, para ti solo, y entonces, sin temor a que nadie te replique, podrás proclamar en alta voz: «El vencedor en toda clase de juegos es Fulano.» Ahora bien: en público no te

arrogues lo que no te pertenece y respeta la libertad de las opiniones de los demás.

14. La desgracia de los hombres proviene siempre de que colocan mal su precaución y su confianza; se parecen al ciervo, que para evitar al ave que amenaza dejarse caer sobre él, se precipita en las redes que le tendió el cazador, en las cuales perece.

15. Dices que la precaución y la confianza son incompatibles, y estás en un error. Lo que ocurre es que de ti depende hermanarlas. Y para ello no tienes sino que aplicar la precaución a las cosas que dependen de ti, y la confianza a aquellas otras que de ti no dependen; de este modo serás a un tiempo confiado y precavido, pues evitando por la prudencia los verdaderos males, harás cara valerosamente a los falsos de los que creas verte amenazado.

16. Se equivocan los que creen que soy enemigo de la elocuencia y que condeno el arte de bien decir y de escribir elegantemente. No; lo que condeno es que se consideren estas cosas como lo principal. Esto tampoco: hay algo mucho más importante.

17. Un hombre que deseaba entrar en la cofradía de los sacerdotes de Augusto, en Nicópolis, se me acercó a saber mi opinión sobre su propósito. -¿Qué interés tienes en ello?-le pregunté-. Desde luego me parece un dispendio inútil el que tendrás que hacer para conseguirlo. -¡Ah! Es que mi nombre, al quedar inscrito en los registros, vivirá por siempre. -Si no es más que esto lo que pretendes, escríbelo en una piedra y durará mucho más. Porque si lo piensas bien, ¿quién se acordará de ti, por inscrito que quedes, fuera de los muros de Nicópolis? -Es que, además, ceñiré una corona de oro. -Si tu ambición se cifra en ceñir corona, ¿por qué, en vez de oro, no te la ciñes de rosas? Te pesará menos y te sentará mejor.

18. Dicen que la senda de la filosofía es larga y penosa. Profundo error; no es ni penosa ni larga; porque, ¿sabes lo que se aprende recorriéndola? Pues obedecer a los dioses, a refrenar los deseos y a hacer buen uso de las propias opiniones. Ahora bien: si quieres saber con precisión y detalle qué es esto de los dioses, de los deseos y de las opiniones, entonces sí que te diré que se trata de cosa larga. Pero ¿acaso los filósofos que te predican la voluptuosidad siguen una senda más corta? ¿No dice Epicuro que el bien del hombre está en su cuerpo? Pues dime lo que es cuerpo, lo que es alma, lo que constituye nuestra esencia, y verás que es tarea no menos larga.

19. Cierto hombre poderoso, gobernador en la actualidad, habiendo vuelto a Roma tras un largo destierro, vino a encontrarme. Y una vez a mi lado, hízome una pintura espeluznante de la vida cortesana; aseguró que estaba asqueado de ella, que por nada del mundo volvería a mezclarse en ella y que lo poco que le quedaba de vida estaba decidido a consagrarlo al reposo, lejos del tumulto y del peso de los negocios. Yo le repliqué que no haría nada de cuanto decía, que apenas pisara Roma olvidaría por completo tan sanos

propósitos y que no bien se le presentase ocasión de acercarse al soberano la aprovecharía jubiloso. «Epicteto-me replicó-, si oyes decir que he pisado los umbrales de la corte, te autorizo para que murmures de mi inconstancia, torpeza y venalidad cuanto te plazca.» ¿Y qué sucedió? Que estando a poca distancia de Roma recibió un mensaje del césar, y tener noticia de él y olvidarse de su promesa fue todo uno, y ahora está más metido que nunca en la corte, según le predije. «Pero ¿qué querías que hiciera?-me objetó un tercero-. ¿Hubieras preferido que pasase el resto de sus días sumido en la inacción y en la pereza?» «¡Cómo!-repliqué-. ¿Piensas, quizá, que un filósofo, un hombre que se dedica a cuidar de sí mismo, es más perezoso que un cortesano? No lo creas; al contrario, hay ocupaciones mucho más serias e importantes que las de éstos.»

20. Perdido estás si consideras una felicidad vivir en Roma o en Atenas. Y estás perdido porque o te sentirás desdichado si no puedes volver a ellas o, si te es dado volver, la propia alegría que experimentarás te será funesta. Guárdate, pues, de deshacerte en alabanzas sobre la hermosura de ambas ciudades y considera, en cambio, que la felicidad es mucho más hermosa. ¡Hay en Roma tantos quebraderos de cabeza y hay que adular, para vivir en ella, a tanta gente! En cambio, ¿cómo no te alegra poder cambiar por la verdadera felicidad tanta miseria?

21. Piensas: «Si abandono mis negocios, pronto arruinado, no tendré con qué vivir.» Piensas también: «Si no reprendo a mi criado, pronto no podré soportarle.» Pues bien: yo te digo que si deseas progresar en el camino de la filosofía has de olvidar tales razonamientos, pues cosa indudable es que es preferible morir de hambre, pero libre de temores y zozobras, que vivir en la abundancia cargado de inquietudes y pesares. Igualmente, del es preferible tener un criado insoportable a vivir pendiente del látigo y lleno de inquietudes. ¿Que derrama el aceite o tira el vino? Di sencillamente: Este es el precio que pago por la tranquilidad y por la libertad; nada se obtiene de balde. También debes hacerte a la idea de que no siempre que llames a tu criado ha de oírte; o que muy bien pudiera oírte y no acudir o acudir y hacer todo lo contrario de lo que le mandes, si hace algo. Claro que ya oigo que dices que tanta paciencia le estropeará pronto y de tal modo que en breve no habrá medio de hacer carrera de él. A esto yo te replicaré que habrás ganado más que perdido, pues habrás conseguido librarte de zozobras e inquietudes.

22. A mí también me gustaría, como a ti, ser coronado en los juegos olímpicos, ya que ello constituye una gloria. Pero, antes de intentar conseguirlo, examina lo que precede a tamaña empresa y lo que la sigue. Desde luego, para estar en disposición de intentarla es preciso someterse a un régimen severísimo: no comer lo que de otro modo comeríamos, abstenerse de casi todo lo que incita nuestro paladar, hacer ejercicios a determinadas horas, haga frío o calor; no beber nada fresco, sea agua o vino; lo que se beba, hacerlo en pequeñas dosis y a sorbitos; en una palabra: es preciso

entregarse enteramente en manos del maestro de gimnasia, como nos entregamos, estando enfermos, en las del médico. Y ya está dispuesto; ya estás en el circo; ¿qué te espera en él? Combatir; recibir, probablemente, heridas; dislocarte algún miembro; tragar mucho polvo y más de una vez ser azotado. Conque medita sobre todo esto, y si aún te obstinas en ser atleta, corre a serlo. Ahora bien: no olvides que si no haces cuanto acabo de decirte, lo único que conseguirás es tontear como los niños que ora imitan a los gladiadores, ora a los luchadores, ora tocan la trompeta, ya representan tragedias. Pues bien: otro tanto te ocurrirá a ti tan pronto seas atleta como gladiador o reciario; además de esto, querrás ser filósofo, y en definitiva acabarás por no ser nada. A semejanza de los monos, imitarás todo lo que veas hacer, y una cosa tras otra, todo te seducirá por no haber meditado sobre lo que pretendes hacer y haberte lanzado temerariamente, sin circunspección y guiado sólo por tu capricho. Y es que ocurre que muchos, viendo a un filósofo u oyendo decir quo Eúfrates habla de un modo admirable e inigualado, ya quieren ser filósofos también, sin pararse a considerar más.

23. Decir simple y rotundamente que la salud es un bien y la enfermedad un mal, es falso. Lo que es un bien es usar bien de la salud, como un mal es usar mal. Como es un bien usar bien de la enfermedad, y un mal usar mal de ella. El bien puede encontrarse en todo, aun en la misma muerte. Meneceo, hijo de Creón, ¿no sacó de ella un gran bien cuando se sacrificó por la patria? Indudablemente, pues puso de manifiesto su piedad, su magnanimidad, su fidelidad y su valor. De haber tenido apego a la vida hubiese perdido todos estos bienes y hubiera demostrado poseer los vicios opuestos: ingratitud, pusilanimidad, infidelidad y cobardía. Desterrad, pues, toda clase de prejuicios y, si queréis ser libres, abrid los ojos a la verdad.

24. Dejas de estar atento y confías en que volverás a estarlo cuando te acomode. Te engañas. Una ligera falta descuidada hoy te precipitará mañana en otra mayor, y ese descuido repetido llegará a constituir un hábito que te será imposible corregir.

25. Porque has recibido noticias de Roma estás todo triste y dolorido. ¿Cómo es posible que lo que ocurre a doscientas leguas de aquí pueda afligirte? Dime, yo te lo suplico: ¿qué mal puede ocurrirte allí donde no estás?

26. Tu hijo y tu amigo han partido; se han marchado, y lloras su ausencia. ¿Ignorabas, acaso, que el hombre es un simple viajero? Sufre, pues, la pena a tu ignorancia. ¿Cómo podías creer que habías de poseer indefinidamente los seres que te son gratos y gozar siempre de los lugares y de las relaciones que te son queridas? ¿Quién te había prometido semejante cosa?

27. Que jamás te inquiete este pensamiento. «Siempre seré menospreciado; no seré nunca nada», porque si el menosprecio es un mal, tú, ni nadie, puede caer en el mal por voluntad de otro, como tampoco se puede caer en el vicio. Y puesto que no depende de ti el ocupar elevados destinos,

como no depende el ser convidado a un festín, ¿cómo es posible que esto sea para ti motivo de deshonor o menosprecio? ¿Cómo es posible que no seas nunca nada, tú, que no debes ser algo más que en lo que de ti dependa y en lo cual puedes llegar, si quieres, a ser mucho? Pero te lamentas de que no podrás ser provechoso a tus amigos, y yo te digo: ¿Qué quieres decir con esto? ¿Que no podrás darles dinero ni nombrarles ciudadanos romanos?... ¿Y quién te ha dicho que estas cosas son las que dependen de nosotros, y no de otros? Luego, ¿quién puede dar lo que no posee? «Recoge tú - suele decirse - para que también nos llegue a nosotros.» Si es que puedo amontonar bienes sin perder el pudor, la modestia, la fidelidad y la magnanimidad, indicadme desde luego el camino que conduce a la riqueza para que sea rico. Mas si tratáis de que pierda los verdaderos bienes para adquirir los falsos, seríais conmigo injustos y desconsiderados. ¿Qué preferís vosotros: dinero o un amigo fiel? ¡Ea!, ayudadme a adquirir todas las virtudes enumeradas y no exigid de mí nada que me empuje a perderlas. Pero objetarás aún: «¡Mi patria no podrá esperar de mí ningún servicio!» ¿De qué servicios hablas? ¿Quieres decir que no te deberá ni pórticos ni baños? Tampoco le deberá armas al herrero ni zapatos al zapatero. Lo que importa es que cada cual cumpla con su obligación y haga lo suyo. Si dieses, pues, a tu patria un ciudadano sabio, modesto y fiel, ¿no le habrías prestado un buen servicio? Claro está que sí, y uno muy señalado; luego ya no le serías inútil. «¿Y qué sitio ocuparía en la ciudad?» El que pudieras, conservándote fiel y modesto. Pues si por quererla servir pierdes estas virtudes, ¿qué provecho sacaría de ti, una vez convertido en un hombre pérfido y desleal?

De la muerte

1. Temes nombrar la muerte, cual si sólo su nombre fuese cosa de augurio funesto. Sin embargo, mal puede haber augurio funesto en lo que no hace sino expresar un acto de la Naturaleza. La pereza, la pusilanimidad, la cobardía, la impudicia, la lujuria, todos los vicios, en una palabra, son los que verdaderamente llevan en sí el mal augurio. Pero tampoco su nombre en sí, sino el caer en ellos; evítalos y no temas pronunciarlos.

2. ¿Cómo te gustaría que te sorprendiese la muerte? En lo que a mí respecta, yo quisiera que me sorprendiese ocupado en algo grande y generoso, en algo digno de un hombre y útil a los demás; no me importaría tampoco que me sorprendiese ocupado en corregirme y atento a mis deberes, con objeto de poder levantar hacia el cielo mis manos puras y decir a los dioses: «He procurado no deshonraros ni descuidar aquellas facultades que me disteis para que pudiera conoceros y serviros. Este es el uso que he hecho de mis sentidos y de mi inteligencia. Además, nunca me quejé de vosotros ni me irrité contra lo que me mandasteis, fuese lo que fuese. Mientras que lo habéis permitido he usado de vuestros beneficios; ¿que ahora queréis quitármelos? Sea; os los devuelvo sin protesta; vuestros son, de modo que disponed de ellos como mejor os parezca. Yo mismo me pongo en vuestras manos.»

3. Las espigas nacen para ser segadas una vez maduras, y a nadie se le ocurre dejarlas en los campos, cual si fuesen cosas sagradas e intangibles. Es más, ellas mismas, de tener sentidos, harían votos para que su destino se cumpliese, y considerarían como una verdadera maldición el no ser segadas. Del mismo modo no hay hombre sensato que no considere como una maldición la posibilidad de no morir, pues para ellos no morir sería como para la espiga no ser segada.

4. ¿Qué te importa el modo como hayas de morir? Que sea la fiebre, la espada, el mar, una enfermedad o un tirano, ¿qué más da? Todos los caminos que conducen a los infiernos son iguales, y uno de los más cortos es precisamente el que puede depararte con su injusticia un tirano. Jamás uno de estos hombres implacables y crueles tardó seis meses en desembarazarse de un hombre, y, en cambio, calenturas hay que matan durante años enteros.

5. Cuando sea llegada mi hora, moriré; pero moriré como debe morir un hombre que no hace más que devolver lo que se le confió.

6. Así como durante un viaje por mar, si el bajel se detiene en, un puerto bajan los pasajeros a verle y comprar algo, pero .atentos siempre a la menor señal del capitán, y apenas la advierten vuelven a bordo por miedo a ser castigados si con su tardanza retrasan la salida de la nave, del mismo modo en el viaje de la vida, cuando el capitán llama hay que abandonar cuanto hemos adquirido, mujer e hijos inclusive, y correr hacia el barco sin volver la

vista atrás. Sobre todo si eres viejo, no te alejes mucho, no sea que el capitán te llame de pronto y no estés en disposición de acudir rápidamente.

7. Tarde o temprano, es fatal y preciso que la muerte venga a nosotros. ¿En qué nos encontrará ocupados? Al labrador, en el cuidado de sus campos; al jardinero, en el de sus plantas; al mercader, en el de su tráfico. En cuanto a mí, yo deseo de todo corazón que me encuentre ocupado en ordenar mi voluntad, a fin de llevar a cabo sin temor ni embarazo y como corresponde a un hombre libre este acto postrero. De este modo podré decir a los dioses: «¿He desobedecido vuestros mandatos? ¿He abusado de los presentes que me hicisteis? ¿No os he sometido mis sentidos, deseos y opiniones? ¿Me he quejado alguna vez de vosotros? ¿Renegué jamás de vuestra providencia? Padecí enfermedades porque así lo quisisteis, y a ellas me avine gustoso; viví en la más humilde oscuridad porque tal fue vuestro deseo, y jamás me rebelé contra vuestra voluntad; nunca me abatieron vuestras decisiones ni me movieron a murmuración. Pues como hasta ahora, estoy en adelante dispuesto a sobrellevar cuanto os plazca mandarme; vuestra menor indicación es, como lo fueron siempre, una orden inviolable para mí. ¿Queréis ahora que abandone este magno espectáculo? Pues sea; me retiro y os doy las gracias por haberos dignado admitirme a gozar en él, admirar todas vuestras obras y haber tenido de manifiesto ante mis ojos absortos el orden admirable con que regís el Universo.»

8. Todos tememos la muerte del cuerpo. Pero la del alma, ¿quién la teme?

Máximas diversas

1. Jenofonte solía decir: «¡Qué admirable cosa es la Naturaleza y cuán fuertemente nos ata a la vida! ¡Cuántos cuidados dispensamos a nuestro cuerpo, por feo y asqueroso que sea! ¡Si tuviésemos que cuidar igualmente del de nuestro vecino, ni cuatro días podríamos soportarlo!»

2. ¿Qué es el sentido común? Del mismo modo que poseen todos los hombres un común oído que les permite discernir las voces y oír por igual las palabras que se pronuncian, y poseen otro oído artificial para discernir y apreciar los tonos, asimismo poseen todos ellos otro sentido natural que cuando su espíritu está en toda su integridad y salud hace que puedan distinguir lo que se nos propone. Esta disposición propia de todos los hombres es lo que se llama sentido común.

3. Igual que los centinelas, pide el santo y seña a cuantos se relacionen contigo, con objeto de que jamás te veas sorprendido.

4. Nadie puede ser malo y vicioso sin pérdida segura y daño cierto.

5. ¿Qué ocurriría en una ciudad regida de acuerdo con las máximas de Epicuro? Pues que todo en ella andaría al revés: ni habría sociedad propiamente dicha, ni casamientos, ni magistrados, ni colegio, ni policía, ni urbanización. En ellas todos sustentarían opiniones que ahora ni las mujerzuelas más descocadas se atreverían a sostener. Por el contrario, en una ciudad donde imperen las máximas que dicta la razón, reinará la decencia y el orden. Todo el mundo obrará guiado por opiniones sanas; se verán honradas todas las virtudes; la justicia florecerá por sí sola; la policía estará bien reglamentada; los ciudadanos se casarán, tendrán hijos, los educarán y todos se esforzarán en servir a los dioses. El marido se contentará con su mujer, sin codiciar la del prójimo; con sus bienes, sin ambicionar los ajenos. En una palabra: todos los deberes serán cumplidos y todas las relaciones sociales debidamente conservadas.

6. Amigo Critón, pasemos valerosamente por aquí, ya que por aquí nos conducen los dioses y por aquí nos llaman. Anito y Melito podrán hacer que me sea quitada la vida, pero en modo alguno apartarme de mi camino.

7. Del mismo modo que el faro, al iluminarse, es un poderoso auxiliar para el barco que ha perdido el derrotero, asimismo, en una ciudad combatida por el mal, un hombre íntegro y justo es un faro inapreciable para sus conciudadanos.

8. Una dama romana quería enviar una importante cantidad de dinero a cierta amiga suya llamada Gratila, a la cual había desterrado Domiciano. Y como alguien le hiciese observar que de enterarse el emperador la interceptaría y confiscaría, replicó la dama: «¡No importa! Prefiero que Domiciano lo robe a no mandarlo.»

9. Antes de presentarte al tribunal de los jueces preséntate al de la justicia.

10. A Agripino le preguntó cierto día Floro: -¿Te parece que vaya al teatro con Nerón? -¿Por qué no?-replicó Agripino-. Anda. -Y tú, ¿por qué no vienes? -Respecto a lo que yo deba hacer aún no he deliberado.

11. Vespasiano ordenó un día a Prisco Helvidio que se abstuviese de asistir al Senado. -Puedes-le replicó Helvidio-despojarme de mi cargo de senador; pero mientras no lo hagas no he de dejar de concurrir, pues tengo derecho. -Pues no olvides, si asistes, de permanecer mudo. -No me preguntes mi opinión y no despegaré los labios. -Es que si estás presente no tendré más remedio que preguntarte tu parecer. -Y yo no tendré más remedio que contestarte lo que me parezca justo. -Entonces me veré obligado a matarte. -¿Te he dicho, acaso, que soy inmortal? Haremos, pues, ambos lo que esté en nuestra mano: tú, ordenar mi muerte; yo, soportarla sin quejarme.

Me preguntas ahora: ¿Qué ganó Helvidio con oponerse solo contra el príncipe? Pues bien; yo te digo a ti: ¿Qué gana la cenefa de púrpura con ser sola en la túnica? Gana el embellecerla, el adornarla, el inspirar a quienes la contemplan deseos de poseer otra igual.

12. ¿Qué hacen los hombres? Temblar con motivo de los que temen, o gemir con motivo de los que, sufren. ¿Y qué resulta de esta flaqueza? La murmuración y la impiedad.

13. Acusar a los demás de nuestras adversidades es propio de ignorantes; culparnos de ellas a nosotros mismos es señal de que empezamos a instruirnos; no acusarnos ni a nosotros mismos ni a los demás, he aquí lo propio de un hombre ya completamente instruido.

14. Así como existe un arte de bien hablar, existe también el arte de bien escuchar.

15. Si consigues demostrar al malvado que hace lo que no quiere y que no hace lo que quisiere hacer, lograrás corregirle. Pero si no sabes demostrárselo, no te quejes de él, sino de ti mismo.

16. ¿A qué discutir con gentes que no se rinden ante las verdades más evidentes? ¿A qué discutir, si son piedras en vez de hombres?

17. No es cosa corriente ver desempeñar debidamente el papel que exige la cualidad de hombre. Como aunque animal mortal está dotado de razón-en lo cual se distingue de los demás animales-, cuando se aparta de ella y obra sin su concurso ocúltase el hombre y sale la bestia.

18. Tenemos un gran parecido con aquellos avaros que, no obstante disponer de abundantes medios, viven flacos y extenuados por no alimentarse debidamente. Asimismo, nosotros poseemos buenos preceptos, hermosas máximas; pero en vez de practicarlas no hacemos sino desmentir con nuestros actos nuestras palabras. Y suele ocurrir que cuando apenas somos hombres todavía, ya queremos representar el papel de filósofos, peso excesivo para nuestros hombros. Es como si un hombre de menguadas fuerzas pretendiese cargar con la piedra de Ayax.

19. Escribimos máximas muy hermosas; bien está. Pero ¿estamos bien penetrados de ellas y las ponemos en práctica? Y lo que se decía de los lacedemonios, «que eran unos leones en sus casas y unos monos en Éfeso», ¿no puede aplicarse a la mayor parte de los filósofos? Por regla general, somos unos leones ante nuestro reducido auditorio, pero unos monos en público.

20. Es preciso no alarmarse a la ligera. Enviamos un mensajero a saber lo que ocurre; pero hemos escogido mal nuestro espía, porque hemos enviado un cobarde que, al menor ruido que escucha, vuelve espantado a nosotros, temeroso de su misma sombra, que le sigue, y clamando tembloroso: «¡He aquí la muerte, el destierro, la calumnia, la pobreza que se acerca!» Amigo, habla por ti. Lo que somos es unos imbéciles en haber escogido tan mal al hombre que debía informarnos. Diógenes, que lo hizo antes que tú, nos ha proporcionado noticias bien distintas; nos ha dicho que la muerte no es un mal cuando no es vergonzosa; que la calumnia sólo es un rumor de gentes insensatas. Pero ¿qué ha dicho del trabajo, del dolor, de la pobreza? Ha dicho que eran algo preferible a la púrpura. Nos ha dicho, en una palabra: «No he encontrado enemigos; todo está tranquilo y no tenéis para convenceros sino mirarme. ¿He sido golpeado? ¿He sido herido? ¿He emprendido la fuga?» He aquí los espías que es preciso enviar como exploradores.

21. Cuando alguien se enorgullece de comprender y explicar a la perfección los escritos de Crisipo, digo para mis adentros: «Si Crisipo no hubiera escrito en un lenguaje muy oscuro, este hombre no tendría de qué envanecerse.» Pero, en fin, ¿qué es lo que yo pretendo? Conocer la Naturaleza y seguirla. ¿Quién la ha explicado mejor? Dícenme que Crisipo. Veamos; tomo a Crisipo y no le entiendo. Entonces busco un buen intérprete que me lo haga comprender, y una vez conseguido esto no me queda ya más que servirme de los preceptos que me ha explicado y ponerlos en práctica. Ahora, que si me contento con aplicar lo que dijo Crisipo seré un gramático, pero en modo alguno filósofo.

22. ¿Te figuras que por el simple hecho de pasar las noches estudiando, trabajando o leyendo voy a llamarte laborioso? No; antes preciso me será saber qué provecho sacas de tal estudio y trabajo. Porque yo no llamo laborioso al hombre que pasa la noche rondando a su querida, sino simplemente enamorado. De modo que si pasas la noche en vela atento sólo a tu gloria, te llamaré ambicioso; si con el fin de ganar dinero, avariento o interesado. Sólo si lo haces con el fin de cultivar y formar tu razón y acostumbrarte a obedecer a la Naturaleza y a cumplir tus deberes, te llamaré laborioso: porque este trabajo es el único digno del hombre.

23. Porque no puedes estudiar a causa de la calentura te quejas. Pero ¿no estudias para ser mejor, es decir, para ser paciente, constante y firme? Pues procura serlo con la fiebre y no sabrás poco. La calentura es un detalle de la

vida, como el paseo o los viajes; y aun más útil, porque pone a prueba al sabio y le enseña los adelantos llevados a cabo.

24. Nada sujeta tanto a los animales como su propia utilidad. Todo cuanto le priva de lo que le es útil-padre, hermano, hijo, amigo-le es insoportable; porque no ama más que su utilidad, que para él equivale a padre, hermano, hijo, amigo, parentela, patria y aun Dios.

25. Epicuro dice que no debe alimentarse ni educarse a los hijos, porque nada hay más contrario al verdadero bien, que para él está en el placer. Pobre Epicuro: quiere que seamos más desnaturalizados que las bestias feroces, que jamás abandonan a sus crías. Sin embargo, la caridad del padre para con los hijos es tan natural, que tengo la seguridad de que aunque un oráculo previniese a los padres de que los hijos algún día adoptarían opiniones tan insensatas, no por ello dejarían de quererlos, criarlos y educarlos.

26. Los hombres han levantado templos y altares a Triptolemo por haber hallado un alimento menos salvaje y grosero que los usados hasta él. Pero ¿quién se acuerda de bendecir a los que han hallado la verdad, a los que la han hecho resplandecer ante nuestros ojos y han arrojado de nuestras almas las tinieblas del error y de la ignorancia?

27. Lo más insufrible para el hombre razonable es lo que carece de razón.

28. Existen nociones comunes en las cuales convienen todos los hombres. Las querellas, guerras y sediciones provienen precisamente de la aplicación de estas nociones comunes a cada caso particular. Que la justicia y la santidad son preferibles a todo, nadie lo pone en duda. Pero sobre lo que es justo y santo es sobre lo que ocurren las divergencias. Pues bien: desechemos esta fatal ignorancia, enseñemos a aplicar las nociones justas a cada caso concreto y no habrá ya lugar a más disputas ni guerras; Aquiles y Agamenón se habrán puesto de acuerdo.

29. Si tu razón, que es quien ordena todos tus actos, está desordenada, ¿quién la ordenará?

30. Los locos son incorregibles; con razón dice el proverbio: «Antes se rompe un loco que se le endereza.»

31. No hay que tener miedo de la pobreza, ni del destierro, ni de la cárcel, ni de la muerte. De lo que hay que tener miedo es del propio miedo.

32. A Paris le pareció bien robar a Helena y a Helena seguir a Paris. Si a Menelao le hubiese parecido bien, asimismo, prescindir de una mujer infiel, ¿qué hubiera sucedido? Pues nos hubiésemos quedado sin Ilíada y sin Odisea; lo demás no tiene importancia.

33. El sabio salva su vida al perderla.

34. Es imposible que todo hombre que sea superior a los demás, o al menos se considere serlo, no se sienta hinchado de orgullo y no abuse de su autoridad, a no ser que sea muy instruido.

35. Felición era un simple de quien nadie hacía caso. Pero el príncipe le confió el cuidado de sus negocios, y hete aquí a Felición convertido en un

hombre importante y lleno de ingenio. Todos decían: «¡Qué talento tiene Felición! ¡Qué elocuencia!» Dejad, dejad que pase el tiempo, y tan pronto como el príncipe le deje de su mano ya veréis cómo vuelve a ser un imbécil.

36. He aquí otro rasgo que te dará justa idea de lo que es el cortesano. Epafrodito, capitán de los guardias de Nerón, tenía un esclavo de oficio zapatero, pero tan ignorante y torpe, que, no pudiendo obtener cosa alguna de provecho de él, le vendió. Un criado de Nerón le compró, y la casualidad hizo que el tal esclavo llegase a ser zapatero del príncipe y, finalmente, su favorito. Pues bien: desde el día siguiente, Epafrodito fue el primero en hacerle la corte y estuvo días enteros encerrado para deliberar los asuntos importantes con aquel hombre al que había vendido por considerarle inútil para todo.

37. El respeto que se tributa a aquellos que pueden dañar es como el altar que a la fiebre se ha erigido en medio de Roma. Se le presta culto, pero se le teme.

38. -¿Por qué andas tan tieso, que diríase llevas dentro un palo? -Es que quisiera ser admirado de todos los transeúntes y oír decir a derecha e izquierda: «Mirad, un gran filósofo.» -¿Quiénes son, pues, esas gentes a cuya admiración aspiras? ¿No has dicho tú mismo muchas veces que eran un hatajo de imbéciles? ¿Cómo, pues, quieres ahora ser el primero entre ellos?

39. -Quiero sentarme en el anfiteatro, en el banco de los senadores. -Di, más bien, que quieres estar incómodo y oprimido. -Sí; pero es que desde otro sitio no se ven bien los juegos. -No los veas; ¿qué necesidad tienes de ver los juegos? Ahora, si es la envidia de sentarte en este banco lo que te hace ir, espera a que todos salgan y entonces tendrás para ti este banco que tanto anhelas.

40. Los hombres excusan fácilmente sus propias faltas, como a mí mismo me ha sucedido. Habiéndome reprendido Rufo en cierta ocasión, le repliqué, enojado: -¿Es que acaso he prendido fuego al Capitolio? -Vil esclavo-me contestó-, la falta que has cometido equivale para ti a haber pegado, en efecto, fuego al Capitolio.

41. Dos cosas hay que quitarles a los hombres: la vanidad y la desconfianza.

42. Nada grande se realiza de golpe y porrazo, ni una manzana, ni tan siquiera una uva. Si me dices: «Quiero ahora mismo una manzana», te contestaré: Aguarda a que nazca, a que crezca y a que madure; da tiempo al tiempo. Y si esto es con los frutos de la tierra, ¿quieres que el espíritu dé de repente los suyos?

43. No quiero cartas de recomendación; guardadlas para los tímidos y para los cobardes; y, hasta si queréis que surtan efecto rápido, usad esta fórmula: «Aquí os recomiendo un cadáver, un pellejo relleno de sangre aún no coagulada.» Así debe recomendarse a un hombre que no es capaz de pensar por sí propio y saber que de él solo depende ser desgraciado o feliz.

44. Diógenes contestó a un hombre que le pedía una carta de recomendación: «Amigo mío, aquel a quien me suplicas que te recomiende verá en seguida, sin necesidad de que yo se lo indique, que eres un hombre, y si además es perspicaz echará de ver al punto, asimismo, si eres bueno o malo, útil o inútil; pero de no serlo, no lo advertirá aunque le escriba cien cartas. Sé, pues, como una moneda de oro, que por sí sola se recomienda a cualquiera que sepa distinguir el oro bueno del falso.»

45. Los que sostienen que no existe ninguna verdad conocida desmienten este principio con una pretendida verdad; sea verdadera o falsa para ellos esta afirmación, siempre será una verdad conocida.

46. Es preciso que un príncipe posea algún mérito verdaderamente extraordinario para que se le quiera desinteresadamente y por puro amor hacia él.

47. ¿Por qué soy cojo? –¡Vil esclavo! ¿Te atreves a volverte contra la Providencia por tener un pie contrahecho? ¿Qué es más racional: que la Providencia se someta a tu pie o que tu pie se someta a la Providencia?

48. ¿Por qué habré nacido de tales padres? Amigo mío, ¿acaso dependía de ti, antes de nacer: quiero que. Fulano se case con Fulana y nacer de ellos? Y si tu nacimiento no ha sido ilustre, ¿no depende de ti corregirlo por medio de tus méritos?

49. La grandeza del entendimiento no se mide por su extensión, sino por la justeza y verdad de sus opiniones.

50. Un hombre te ha confiado un secreto, y consideras un acto de cortesía, de honradez y de justicia confiarle otro tuyo. Pues bien: eres un atolondrado y un estúpido. Acuérdate de lo que tantas veces has visto. Un soldado vestido de paisano se sienta junto a un ciudadano y a las pocas palabras empieza a hablar mal del césar. El ciudadano, halagado por tamaña franqueza y juzgando el secreto del soldado como prenda de su fidelidad, se explaya con él y se deshace en quejas contra el príncipe; entonces el soldado muéstrese tal cual es, se apodera de él y le conduce a la cárcel. Esto lo vemos todos los días. No olvides, por tanto, que el que te confía un secreto no lleva, comúnmente, más que la máscara y el disfraz de hombre honrado. Por otra parte, lo que hace contigo no es muestra de confianza, sino intemperancia de lengua; lo que te cuenta al oído se lo cuenta a cuantos pasan a su lado. Es un tonel agujereado, que así guardará tu secreto como ha sabido guardar el suyo.

51. Pruébame que tienes pudor, fidelidad, constancia y que no eres un cubo agujereado, y no aguardaré a que me confíes tu secreto, pues seré yo el primero en rogarte que oigas el mío; porque ¿quién no estaría encantado de encontrar un receptáculo tan a propósito, tan limpio y tan seguro? Y ¿quién se negaría a aceptar un depositario que pudiera ser al mismo tiempo un consejero que nos quiere bien y nos es fiel? ¿Quién no busca y recibe con sumo placer un confidente caritativo al cual interesan nuestras debilidades y que nos ayuda a llevar nuestra carga?

52. ¿Ves ese hombre tan curioso y preocupado de las cosas que no son de nuestra incumbencia? Pues ten por cosa cierta que es un hablador y que no sabrá guardar tu secreto; que no será preciso acercarle la pez inflamada ni la rueda del suplicio para hacerle hablar. La mirada de soslayo de una muchacha, el menor halago de un cortesano, la esperanza de un empleo, la codicia de obtener un legado testamentario y mil otras cosas parecidas le arrancarán tu secreto, y ello sin el menor esfuerzo.

53. Cuando estás solo dices que te encuentras como en un desierto; cuando estás en plena sociedad dices hallarte en medio de bandidos, ladrones y granujas, y te quejas de tus padres, de tu mujer, de tus hijos, de tus amigos y de tus vecinos. Si fueses razonable, cuando estás solo dirías, por el contrario, que estás en reposo; en libertad, que gozas de ti mismo y que eres parecido a la divinidad; y cuando te encontrases en plena sociedad, lejos de afligirte y llamar a lo que te rodea tumulto y estorbo, lo llamarías fiesta o juegos públicos, y vivirías siempre contento

54. ¿Quieres ser como los malos actores, que no son capaces de actuar sino en los coros?

55. El príncipe ha devuelto la paz a la tierra; no más guerras ni combates, no más pillaje ni piraterías. A todas horas y en todas partes puede uno ir por donde le plazca sin temor. Pero ¿puede el príncipe, lo mismo que la paz, librarnos de las enfermedades, naufragios, incendios, terremotos y rayos? No; esta paz tan sólo los dioses pueden darla, y el heraldo que la publica es la razón. El que disfruta de esta paz sí que va tranquilo y solo sin peligro durante toda su vida.

56. ¿Qué hacen los niños cuando se encuentran solos? Se entretienen cogiendo guijarros y formando con arena castillos que destruyen seguidamente. Jamás les falta entretenimiento y diversión. Y lo que ellos hacen por pura gracia infantil, ¿no podrás hacerlo tú a fuerza de razón y sabiduría? En todas partes tenemos los hombres arenas y guijarros, ¡y tenemos en nosotros mismos tanto para construir y demoler! No nos quejemos, pues, nunca de estar solos.

57. Te quejas de la soledad; pero ¿a qué llamas tú estar solo? ¿A vivir apartado de todo trato social y hallarte desprovisto de asistencia? No olvides que con frecuencia se halla uno solo en medio de Roma, pese a estar rodeado de parientes, amigos, vecinos y esclavos. Porque no es la presencia de un hombre lo que destruye la soledad, sino la de un hombre virtuoso, fiel y caritativo. Además, ¿de veras te crees solo alguna vez? Dios, contento siempre de sí mismo, consigo vive eternamente. Procura, pues, asemejarte a él, que esto sí está en tu mano. Habla contigo: ¡tienes tanto que decirte y que pedirte! ¿Para qué necesitas de los demás? Que no tienes quién te socorra; que no tienes padre, ni hermanos, ni hijo, ni amigos, pero, ¿no tienes un Padre inmortal que no cesa de velar por ti y de socorrerte en cuanto necesitas?

58. Cuando veas a alguno sumido en el dolor y deshecho en llanto por la muerte o ausencia de un hijo, o por la pérdida de sus bienes, guárdate de dejarte arrastrar por tu imaginación hasta el punto de persuadirte de que verdaderamente ese hombre padece males ciertos por causas externas; al contrario, procura convencerte de que lo que le aflige no es lo que le ocurre - puesto que no aflige a los demás-, sino la opinión que él se ha formado. No obstante, si es preciso, llora con él y mira de calmar su dolor con buenas razones; pero evita que tu compasión vaya tan lejos que llegues a afligirte de veras.

59. Nada posees que no te haya sido dado. El que todo te lo dio bien puede quitarte algo. Eres, pues, no sólo insensato, sino ingrato e injusto al pretender oponerle resistencia.

60. Quieres envejecer, pero no quieres ver morir a ninguno de los seres a quien amas. Es decir, quieres que todos tus parientes y amigos sean inmortales y que para ti solo cambien los dioses las leyes y el orden que. rige el mundo. ¿Te parece esto justo y razonable?

61. Mantente firme en la práctica de todas estas máximas y obedécelas fielmente, como si fueran leyes que no puedes violar sin cometer impiedad; y que nunca te preocupe ni turbe lo que dirán de ti, porque ésta es una de las cosas que no están en tu poder.

LA CRÍTICA LITERARIA

TODO SOBRE LITERATURA CLÁSICA, RELIGIÓN, MITOLOGÍA, POESÍA, FILOSOFÍA...

La Crítica Literaria es la librería y distribuidor oficial de Ediciones Ibéricas, Clásicos Bergua y la Librería-Editorial Bergua fundada en 1927 por Juan Bautista Bergua, crítico literario y célebre autor de una gran colección de obras de la literatura clásica.

Nuestra pagina web, LaCriticaLiteraria.com, es el portal al mundo de la literatura clásica, la religión, la mitología, la poesía y la filosofía. Ofrecemos al lector libros de calidad de las editoriales más competentes.

LEER LOS LIBROS GRATIS ONLINE
www.LaCriticaLiteraria.com

La Crítica Literaria no sólo esta dedicada a la venta de libros nacional e internacional, también permite al lector la oportunidad de leer la colección de Ediciones Ibéricas gratis online, acceso gratuito a mas que 100.000 páginas de estas obras literarias.

LaCriticaLiteraria.com ofrece al lector un importante fondo cultural y un mayor conocimiento de la literatura clásica universal con experto análisis y crítica. También permite leer y conocer nuestros libros antes del adquisición, y tener la facilidad de compra online en forma de libros tradicionales y libros digitales (ebooks).

COLECCIÓN LA CRÍTICA LITERARIA

Nuestro nueva **"Colección La Crítica Literaria"** ofrece lo mejor de los clásicos y análisis de la literatura universal con traducciones, prólogos, resúmenes y anotaciones originales, fundamentales para el entendimiento de las obras mas importantes de la antigüedad.

Disfrute de su experiencia con nosotros.

www.LaCriticaLiteraria.com